青少年探索文库
QingShaoNianTanSuoWenKu

第一桶金的故事

关 静 编

吉林人民出版社

图书在版编目（CIP）数据

第一桶金的故事 / 关静编. — 长春：吉林人民出版社，2010.10（2021.3重印）
（青少年探索文库）
ISBN 978-7-206-07098-3

Ⅰ.①第… Ⅱ.①关… Ⅲ.①企业家—生平事迹—世界—青少年读物②企业管理—经验—世界—青少年读物 Ⅳ.①K815.38-49②F279.1-49

中国版本图书馆CIP数据核字(2010)第192082号

第一桶金的故事

编　　者：关　静
责任编辑：郝晨宇
吉林人民出版社出版（长春市人民大街7548号　邮政编码：130022）
印　　刷：三河市燕春印务有限公司
开　　本：700mm × 970mm　1/16
印　　张：13　　　　　字数：110千字
标准书号：ISBN 978 - 7 - 206 - 07098 - 3
版　　次：2010年10月第1版
印　　次：2021年3月第2次印刷
定　　价：39.00元

目　录

可口可乐（Coca-Cola）：彭伯顿后院的佳酿

可口可乐是世界上最著名的商标。它那响亮的名字、弯形的瓶子、特别的味道，使其在世界各地都大受欢迎。可口可乐公司指挥着世界上最庞大的销售队伍，拥有除美国邮政总局以外的最大车队。

人们一定以为开发出可口可乐的人现在一定是世界上最富有的人之一。可是约翰·彭伯顿没有那么幸运。尽管可口可乐能比任何其他产品创造出更多的百万富翁，但彭伯顿却没有从他发明的可口可乐赚到一分钱。他当初是作为一种药品来开发可口可乐的，但推销并不成功。直到他死后，可口可乐作为软饮料才成为饮料业的巨头。

彭伯顿是著名的支持美国南部邦联的骑兵上校，后来在佐治亚州亚特兰大定居，当了一名药剂师。在19世纪80年代，美国的药剂师差不多都从事家庭医疗。每个药剂师都开发自己的补剂和药品，这些补剂和药品不仅要对身体有益，而且要味道可口。多年来，彭伯顿用他家后院的三脚铜罐酿制了大量家庭药剂。其中的“法兰西药酒可可”是他根据当时十分流行的一种饮料改制的。为了酿制法兰西药酒可可，他把可可叶浸在酒里。

1886 年 5 月初的一天，他烧开了一锅新型的法兰西药酒可可。这次他没用酒，而是加入了比平时更多的美洲可拉果。他知道可可叶和可拉果具有兴奋作用，然而这两种植物的味道都很刺激。为使饮料的味道可口，彭伯顿加了大量的糖和各种调味料，如焦糖、酸橙汁、肉桂、豆蔻、香草等。他尝了尝这次的制成品，马上意识到他做出了真正的好东西。

他马上来到亚特兰大一家著名的药店——雅各布药店。他请负责调制汽水的维利斯·维那布尔给他对一杯饮料。他告诉维那布尔，用 1 盎司他那罐子里的糖浆，加到 5 盎司的水中，就可以对成十分可口的饮料。维那布尔按照要求对好饮料，并尝了一杯。毫无疑问，彭伯顿的糖浆味道美极了，当然值得再尝一杯。

然而，据说维那布尔在对第二杯饮料时，由于漫不经心而出了差错。他不是往糖浆内加白水，而是加了苏打汽水。维那布尔说了声道歉，正准备把弄错了的饮料倒掉，突然他们灵机一动，先尝尝再说。让他们大吃一惊的是，这次的味道比加白水的那种还要好。

彭伯顿马上着手准备把他的新饮料投放市场。1887 年初，他开始向人们出售他的饮料。但是，没有谁想尝这种东西。

首先，很难简单地描述这种新饮料。它有那么多种成分，而且味道完全不同于人们以往喝过的任何一种饮料，人们在尝试一种非同寻常的东西时，总是显得犹犹豫豫。彭伯顿送出了许多样品，但却售出很少。在 1887 年，彭伯顿以每加仑 1 美元的价格售出了 50 加仑他制造的糖浆，那点收入甚至不够他的广告费。

几个支持彭伯顿为新产业奋斗的合伙人，认为产品需要一个名字。最初，彭伯顿把他的产品叫做“神经兴奋补养剂”，这名字显然难以吸引本来就没兴趣的顾客。几个合伙人根据饮料的两种药物成分可可叶（Coca）和可拉果（Kola）的读音凑成了一个既好听又好记的名字“可口可乐（Coca—Cola）”。彭伯顿的会计弗朗克·罗宾森写得一手好字，他用华丽的笔法写出了这个名字，那飘逸的字体沿用至今。

彭伯顿仍然坚信他推销的是药品，而不是软饮料。他的广告告诉顾客，可口可乐能消除习惯性头痛，并能使人放松。公司打出的第一个彩色广告把可口可乐称为“脑和神经的营养剂”。其他广告则把可口可乐说成是“健脑补药和智慧饮料”。

广大消费者还是持怀疑态度。可口可乐的销售状况如此之差，以至彭伯顿认为已经不值得再生产它。就在他推出可口可乐两年之后，他以 1750 美元的价格出让了他可口可乐的全部权益。

彭伯顿并不是错失幸运的惟一的倒霉蛋。1887 年 7 月从彭伯顿手中买到可口可乐生产权的那两个人，在 5 个月之后又卖给了另外两个人。这两个人在 1891 年把可口可乐权益转卖给了亚特兰大的药剂师格里格斯·坎德勒。坎德勒才是看到可口可乐潜在价值的第一人。他只花 2300 美元的投资就取得了可口可乐公司的控制权，重组了这个公司，并非常聪明地为可口可乐申请了商标保护。他还制定了一条政策，对可口可乐的配方保密，这个政策一直沿用至今。

然后，坎德勒开始了闪电式的广告战，大量广泛地散发免费样品，分送折扣优待券，给顾主赠送纪念品等等。可口可乐的销售在 1894 年取得了重大突破，这是糖浆推销商约瑟夫·毕登汉的功劳。家住密西西比州维克斯堡的毕登汉决心采用送货上门的推销方法，来改变过去等客上门的坐商作风。当时许多美国人都看到了古巴推出了瓶装软饮料。这使毕登汉立即想到，在炎热气候下的强体力劳动者一定欢迎瓶装软饮料。于是，他在商店的后院安装了装瓶机具，并开始给密西西比河沿岸种植园和伐木场的工人送瓶装可口可乐。

坎德勒从来都是看到在药店里是用水对糖浆来制造软饮料，所以一开始他反对生产瓶装可口可乐这种新玩意儿。1889

年，他答应把生产可口可乐过程最后一环的开发机会给别人试试。他把瓶装可口可乐的专营权卖给了从田纳西州来的两位律师。两位律师借了很大一笔债来买专营权，他们的投资很快就得到了回报。没过多久，可口可乐就装在一种独特的、优美的弧形瓶里销售了，广告中称这种瓶子是“走遍天下的包装”。

可口可乐生产商和装瓶商的成功相辅相成，当总部设在亚特兰大的可口可乐公司 1911 年花了 100 万美元重金把广告撒向全国的时候，装瓶商们也把可口可乐瓶装饮料卖到了全国。很快，每个同彭伯顿的发明有关的人都变成了富人。

坎德勒还完全割断了可口可乐同彭伯顿原来关于健康饮料宣传的联系。广告中不再含有可口可乐有益健康的内容，可口可乐现在是一种软饮料，只是一种软饮料。

很自然地，许多竞争者想从可口可乐的知名度上捞到好处。由于坎德勒的英明预见，把他的产品作为商标来注册，有效地阻止了假冒生产的浪潮。1916 年，法庭宣判诸如“可口能乐（Koca—Nola)”、“可口（Koke)”、“可爱可乐（Cay—Ola)”、“可得可乐（Cold—Cola)”等招摇过市的仿造品为非法。可口可乐公司只是在一场关于“可乐（cola)”专有使用权的重要官司中输掉了，最后，“可乐”成为软饮料的通称。

到 1919 年，可口可乐公司每年销售超过 200 万加仑浓缩糖浆。这时，坎德勒把公司以 2500 万美元的价钱，卖给了亚特兰大的银行家欧内斯特·伍德拉夫和由他组建的投资集团。

那以后，可口可乐公司继续发展成为一个产业巨头，可口可乐也销到世界各地。今天，每个口渴的人打开瓶装或听装可口可乐的时候，都应对约翰·彭伯顿说一声——谢谢！彭伯顿发明后院佳酿，不经意中成了一次帮别人致富的慈善行动。

邓洛普（Dunlop）充气轮胎：幸运的车轮

轮子的发明是人类文明史上最重要的技术进步。毫无疑问，人类应该永远感谢那位没留下姓名的发明者。然而，汽车在这样的轮子下走不远，它需要轮胎。

在今天，轮胎可以制造得那样好，那样便宜，以至购买汽车和自行车的大多数人都不那么特别注意轮胎。可是在70年前，轮胎的价钱相当于买一辆新汽车价格的1/4。轮胎损耗很快，换轮胎很贵，再加上开车时实心橡胶轮胎崩裂的难忘经历，大家都深知好轮胎的宝贵价值和重要意义。

为制造轮胎艰难摸索并做出重要贡献的一些人，并不比当年那位不知名的轮子发明者幸运。查里斯·固特异死时身无分文，尽管他发现了更适用于做轮胎的减震橡胶的制造工艺。人们无视第一个充气轮胎的发明者，以至他做过的工作要在40

多年以后再由别人重新发明一次。

充气轮胎是在轮胎内装入一个充气的内胎，用以减震。23岁的苏格兰土木工程师罗伯特·汤姆森在差不多150年前发明了第一个充气轮胎。他把一个充气的橡胶管裹在一条皮革里，然后把橡胶管拉长围绕在自行车的金属轮圈上，再用U形钉牢牢地固定好。由于充气轮胎的减震作用，他的自行车骑起来轻快多了。汤姆森知道他的这个想法值得申请专利，便在几个国家递交了申请，1845年，英国为他注册了专利，两年后，美国也给他注册了专利。

但是，汤姆森超越时代太远了。他的充气轮胎没能引起人们足够的注意，让人们认识到值得把它转化为商业产品。很可能他固定充气轮胎的方法——要用70个U型钉，也叫人难以认真考虑它的商业价值。

直到1888年，才有人仔细研究了充气轮胎实用的可能性。又一个苏格兰人约翰·邓洛普发明了类似的充气轮胎。在爱尔兰贝尔法斯特行医的外科兽医邓洛普给10岁的儿子买了一辆三轮自行车。但是，骑着实心橡胶轮子的自行车，在大鹅卵石铺成的街道上颠来颠去，孩子很快就没了兴趣。为了让宝贝儿子骑得舒服一些，邓洛普找了一截花园浇水用的软管作内胎。像汤姆森一样，他把充了气的橡胶管裹在耐磨的材料（他用的是粗帆布）里，与汤姆森不同的是，他是用胶而不是用U形钉，把内胎固定在金属轮圈上。

一年以后，在贝尔法斯特一次自行车比赛中，邓洛普把他的新轮胎展示给观众。绝大多数选手骑着当时的标准自行车，前面一个巨大的轮子，后面一个小得多的轮子，两个轮子全是实心的硬胶轮。在他们中间，有一个选手骑的是安装着两个同样大小轮子的自行车。一开始，观众全都发出轻蔑的嘲笑声。可是没过多久，当这辆设计得怪里怪气的自行车轻易地取得了比赛胜利时，嘲笑声变成了惊讶的喝彩声。

取胜的关键不在于轮子的大小，而在于轮子的设计。很显然，邓洛普的充气轮胎在地面上滚动起来，要比实心橡胶轮子轻松得多。

由于清楚地证明了他的发明意义，所以邓洛普新得到的专利权明显具有商业价值。但是，邓洛普非常珍惜他那来之不易的兽医事业，不愿把它赌在一次偶然的发明上。这位长着满脸络腮胡子的兽医，用很低价格出让了自己充气轮胎的全部权益，以便继续从事他所选定的专业。买了这些权益的威廉·波顿很快又把它转卖给爱尔兰自行车运动员杜克罗斯。

由于对充气轮胎优越性的直接了解，杜克罗斯坚信值得冒点风险开始一项新产业，于是组建了充气轮胎有限公司。尽管邓洛普不会为他的发明再做什么，杜克罗斯还是把“邓洛普”三个字加到了公司名字前面，以说明充气轮胎是邓洛普的发明。

与汤姆森的发明不同，这一次的充气轮胎引起了巨大的反响。1891 年，哈特福德橡胶制品公司从杜克罗斯那里购买了专营权，开始在美国生产充气轮胎。到了世纪之交，不仅是自行车制造商，汽车制造商也看到了邓洛普这一发明的价值。通过一些改进，例如用夹紧钳把内胎固定于轮辋，充气轮胎使汽车从开起来摇摇晃晃嘎嘎作响，变成了值得信赖的交通工具。

充气轮胎的诞生宣告了汽车时代的到来。然而，充气轮胎的发明人却没有从轮胎工业的巨大赢利中得到一丝好处，只有邓洛普的名字还留在轮胎制造业中。

通用汽车公司（General Motors）：忘掉了自己的主人

福特汽车公司在市场中取得的胜利，根本无法同它在历史书中的胜利相比。绝大多数人都认为，使福特汽车公司成功的关键人物是那位白手起家的亨利·福特。关于他如何完善汽车生产线、终于制造出便宜 T 型车的故事，使他成为产业界最为知名的人物之一。

而在同时，成千上万驾驶别克汽车和雪弗莱汽车的人，却不知道这些汽车的名字是什么意思。通用汽车公司的销售额远远超过了福特汽车公司，已经成为世界上最大的公司，别克汽车分厂和雪弗莱汽车分厂只不过是它的一个部分。这个公司像个大官僚机构，它的形象已经同个人没有多大关系。它的那些创始人的名字很快就暗淡了，退出了历史舞台。然而，维尔·杜兰特、大卫·别克和路易斯·雪弗莱都曾分别为建立一个汽车王国扮演过关键角色，他们对于西方世界几乎每一个人的生活产生了重要影响。

别克——从浴缸到汽车

别克这个名字并不经常同浴缸联系在一起，但戴维·别克的确在做浴缸生意时遇到了好运。别克 1855 年生于苏格兰，婴儿时，他随父母移居美国密西根州底特律。到美国 3 年后，别克的父母双亡。别克从十几岁开始在一家卫生洁具公司打工。当这家公司面临危机，准备宣告破产的时候，别克和他的一个朋友买下了它，并更名为别克-舍伍德制造公司。他们齐心协力，很快就让这家公司开始赚钱。

如果别克一直继续生产铅管和浴缸，那么他退休时一定是个富翁。但是，和当时的许多商人一样，别克也被“不要马拉的马车”这个革命性的远景所吸引，想在汽车制造业中一试身手。好在这个领域对他并不完全陌生，作为一个天生的发明家，他一直喜欢鼓捣引擎，还研制出一种汽油发动机。就在这世纪之交，他预感到人们将对汽车有大量需求。于是在 1898 年，他以 10 万美元的价格卖掉他的浴室设备制造公司，开始考虑如何把引擎装到轮子上。

别克在 1900 年付诸行动，成立了一个名叫“别克自动动力”的公司。别克以纯熟的用人技巧吸引了不少充满朝气的年轻工程师，把他这个底特律企业变成了汽车工业各种新规范的实验室。其中一项就是把进气阀和排气阀重新配置的“缸顶气阀发动机”。这项创新设计大大提高了别克引擎的效率，致使所有的汽车制造商都来仿制，而变为大家公认的规范。

不幸的是，这个公司（后来成为大家所熟知的别克汽车公司）在把想法变成现实的过程中遇到了困难。直到 1903 年，尽管花费很多努力，别克除了一台实验样机以外，拿不出任何东西给别人看，他的大多数设计，还都停留在设计图板上。

到这时，别克已经差不多用光了他在浴缸生意中赚到的钱。他请两位有钱的朋友帮忙，这两位朋友重组了公司。但没过多久，别克的新公司又吸干了两位朋友的银行账户。就在别克的公司处于破产边缘的时候，弗林特马车制造公司拯救并购买了它。但是马车公司总裁詹姆斯·怀廷对汽车不感兴趣，他买这家公司是因为它生产的引擎在农机制造中有用。

戴维·别克并不打算就此罢休。他劝说他的新老板让他制造他设计的两缸发动机汽车。当第一辆汽车开出工厂大门时，让人感到别克的一番心血终于得到了回报。实验性行驶由别克的儿子开车，从弗林特到底特律 115 英里颠簸路程只用了三个半小时。汽车专家们评论说，别克用功率最大的引擎制造出一辆非常好的汽车。

然而，别克的这个胜利是在战争已经失败的时候取得的。1904 年前后，美国的汽车市场十分混乱。1899 年就已经有差不多 100 家公司在制造汽车，但只有一家公司的产量达到了 200 辆。而在这之后的短短几年，每年都有 40 到 60 个品种的新车型从各个地方投入生产。许多汽车制造公司都是在推出产品的当年就垮掉了。而广大消费者弄不清楚市场上这么多的汽车型号当中哪一种是好车。尽管别克的汽车是高质量的，在1904年也只卖出很少几辆。

詹姆斯·怀廷很快发现，想要别克汽车公司生存下去所需要的资金比他所能承受的要多得多，将需要上百万美元。所以当1904年底，他找到了一家买主，就迫不及待地把别克公司卖掉了。早就失去了自己财富和对公司控制的戴维·别克，在这之后很快从汽车产业舞台上消失。1906年，他割断了同他建立的公司之间的最后联系。别克死于1929年，在那之前，他在底特律一所职业学校当一名小职员，赚取薄薪，聊度残生。

杜兰特——来去如云烟

买下别克汽车公司的威廉·杜兰特，是詹姆斯·怀廷在马车制造业的主要竞争对手。杜兰特1861年生于美国波士顿，后来随家搬到密西根州弗林特居住，他的祖父在那里做木材加工已经积攒了一笔财富。他从16岁起开始在家里的贮木场工作，而这时，他开始梦想拥有一份自己的产业。

1886年，他的一个朋友让他驾过一次崭新的双轮马车，令他激动不已。他听说这种刚获得专利的马车是附近的科德沃特出产的，便立刻跑去考察生产设施。考察结束后，杜兰特便开始拼命挣钱。他在25岁时，组建了科德沃特马车制造公司，后来改名为杜兰特-多特马车制造公司。

杜兰特的坚强信心和柔软语调使他获得了“全国最具魅力推销员”的评价。他劝人买车的技巧、不断扩张的策略和别开生面的宣传，使杜兰特-多特公司在1904年成为美国第一号马车制造商。

这时，杜兰特对新式的无马拉车抱怀疑态度。他坚信，绝大多数人都不愿意伴随着引擎的巨大噪音旅行。但由于另外一次命中注定的驾驶经历，使他完全改变了看法。1904年，一位朋友让他开过一辆新别克汽车。汽车不仅噪音小，它的质量和样式也给他留下极深的印象。由于噪音问题减轻了，杜兰特相信汽车将成为未来的交通工具。所以他急迫地买下了正在苦苦挣扎的别克汽车公司。

杜兰特每天工作18至20小时，加速建设自己的汽车王朝。他倾注了150万美元来添置生产设备，聘请顶尖选手组成赛车队来推销他的产品。在4年之内，杜兰特就使弱小的别克公司发展成为美国汽车工业的领袖。1908年，别克汽车的销量超过了福特汽车，当年别克汽车卖了8847辆，福特汽车卖了6181辆。

别人的里程碑，可能正好是杜兰特建设汽车王国的进阶石。他的下一个行动是要购买一批第一流的汽车制造公司。1908年，他有两个意外收获：卡迪拉克和奥尔兹汽车，他把别克同这两个公司合并，成立了通用汽车公司。同时，他建立全国销售网络，兴建新的工厂，收购别的企业，并把它们当成齿轮传动箱里的零件，让它们统一协调地动作。

如此规模的投资所需资金超出了杜兰特的所有，但对他来说借贷很容易。只要企业兴旺发达，而且杜兰特看不出有任何迹象表明它的发展会慢下来，通用汽车公司就有能力偿还债务并持续发展。但是，杜兰特错误估计了形势。在1910年经济衰退中，杜兰特花光了所有现金用以购买原材料和偿还债务。为了保住公司，杜兰特不得不卖掉了他的通用汽车公司股票。

杜兰特大势已去，但他的汽车王国之梦还远没有终结。他用出售通用汽车公司股票的钱，取得了对小小汽车公司的控制权。而这家公司正是他以前的雇员路易斯·雪弗莱创建的。

雪弗莱——狂飙飞车手

雪弗莱生于1878年，是一个穷困的瑞士钟表匠的儿子。雪弗莱在法国长大，从小就显示出是个机械天才。十几岁时，他发明了一个葡萄酒泵，在工业界得到普遍使用。他紧接着跨过大西洋，到美国寻求更大的冒险。没过多久，雪弗莱就参加了在纽约莫里斯公园举行的汽车大赛。对于像雪弗莱这样的业余选手，这次大赛是个难得的机会，使之能与这个领域的顶尖高手对抗，以检验自己的本领。雪弗莱在这次汽车大赛中大出风头，把其他车手，包括巴尼·奥德菲尔德、瓦尔特·克里斯蒂这样的传奇英雄统统甩在了他汽车扬起的尘土中。

雪弗莱高大魁梧的身材、两撇漂亮的小胡子，特别是他那无所畏惧的赛车风格，使他成为赛车界一颗耀眼的新星。1907年，威尔·杜兰特聘他加盟大名鼎鼎的别克赛车队。在1909年马萨诸塞州158英里汽车大赛中，雪弗莱以领先其他选手整整20分钟的成绩获得冠军。杜兰特和雪弗莱成了好朋友。

当杜兰特被迫离开通用汽车公司的时候，雪弗莱为了表示支持杜兰特，同他一起离去。现在正是检验雪弗莱改进汽车品质想法的最好时机。雪弗莱雄心勃勃的目标是，制造一辆样子好、马力强、更加可靠、价格适中的汽车。

1911年，雪弗莱汽车公司建立起来了。雪弗莱没能实现他的全部目标，他的第一部样车是一辆宽大、强劲、6缸、售价为2150美元的汽车，这在当时绝不能算是价格适中。不管怎么说，他的公司投产当年生产的3000辆汽车差不多全都销售一空。

当雪弗莱和杜兰特联合起来的时候，雪弗莱的崇高声誉加上他原来老板杜兰特的推销经验产生了神奇的力量，帮他们克服了使其他汽车公司深陷其中无法自拔的种种难题。雪弗莱汽车公司在1914年生产的每一辆汽车都售出了。

两次闪电战

雪弗莱的成功使杜兰特得以构思一个复杂的计划，来重新取得通用汽车公司的控制权。在几个有权有钱朋友的支持下，杜兰特开始秘密收购通用汽车公司的股票。然后他用突然收集的雪弗莱公司股票与通用汽车公司股票对换。经过一系列错综复杂的资本运作，通用汽车公司这个巨头，就被杜兰特和小小的雪弗莱汽车公司控股了。

在 1618 年把雪弗莱汽车公司与通用汽车公司合并以后，杜兰特又继续执行他既定的高速扩展方针。什么他不能造，他就买；什么他不能买，他就借。1916 年，他购进了制造汽车喇叭、轴承和点火系统的一系列公司。

在这种情况下，通用汽车公司必须保证良好的销售势头才能维持如此庞大的支出。正如 1910 年一样，就在这时，消费者的需求量降低了，远低于预期的水平，杜兰特和通用汽车公司在毫无防备之中，遭受了沉重的打击。不安定的投资者想撤出他们投入公司的资金，1920 年 7 月 20 日，由于投资者的恐慌情绪所致，有 10 万股通用汽车公司股票在市场上抛售，造成该股票价格急剧下跌。

杜兰特又一次面对棘手的局面。突然间，杜兰特所有的向他的公司投资的朋友都处在十分危险的境地，他们的投资可能遭受巨大损失。为了帮助这些朋友，杜兰特持续买进已经没人想要的公司股票。他希望把股价拉高，以使他的朋友们能有机会以合理的价位抛出自己的股票。

杜兰特买入了足够多的股票来挽救朋友的投资，但他却挽救不了自己。在短短的几个月内，杜兰特 1 亿美元的私人财产损失殆尽，而且负债累累。

没有好结果

这一次真的成为杜兰特在通用汽车公司事业的终结。其他人（特别是1923年至1937年的总裁艾尔弗雷德·斯隆）把通用汽车公司从经济危机的漩涡中领导出来，并走上健康发展的道路。但杜兰特没能东山再起。他在汽车业的最后一次努力，是在1921年组建杜兰特汽车公司。而这个新企业在1933年解体，两年后，这位煊赫一时的汽车王国创始人杜兰特申请破产。他登记在册的债务为200万美元，而他的所有是仅值250美元的衣物。

杜兰特还有两次想重整旗鼓，但都失败了。到1947年杜兰特去世时，真正的是身无分文。

路易斯·雪弗莱活得并不比杜兰特好多少。在1913年雪弗莱汽车公司取得最初的成功后不久，杜兰特把雪弗莱的名字用在一种小型廉价的汽车上。雪弗莱看到他的光辉名字居然被用在如此廉价的汽车上而大发雷霆。他不想再同杜兰特的公司合作下去，于是以很便宜的价格卖出了自己手中的公司股票。如果他再等两三年，等雪弗莱公司股票价格上涨后出手，他的收益会比他得到的高出很多倍。

离开了与自己同名的公司以后，雪弗莱曾经成功地设计出在1920年和1921年印地安纳波利斯汽车大赛中夺冠的赛车。但没过多久，雪弗莱的事业就彻底失败了。他后来设计和销售新型汽车和飞机的尝试都没有成功。

在给通用汽车公司当了几年顾问以后，雪弗莱把自己的名字租给了有史以来最大的一家推销商。1941 年，这位汽车领域的传奇人物死于脑溢血。

令人感叹的是，通用汽车公司现在每年的销售额超过了 1000 亿美元，但却没有为从平地建起这个王国的三位元勋带来任何财富。

胡弗真空吸尘器（Hoover Vacuum Cleaner）：多病的看门人

多少年来，胡佛的名字在真空吸尘器行业里一直占据统治地位，以至许多人把他们用来清洁地毯的机器叫做“胡佛”，根本不管它是哪家公司生产的。然而，如果老天稍微多一点慈悲的话，吸尘器的名字或许该叫“斯潘格勒”。因为是一位名叫斯潘格勒的看门人，在1907年发明了这个机器，并使胡佛公司走上成名之路。

斯潘格勒是个喜欢敲敲打打的人，花费了大半辈子时间总想发明点能够赚钱的东西。干了许多年以后，他除了垮掉了的身体和一大堆债务，什么也没得到。光辉烂漫的梦想渐渐消失在沉闷单调的求生劳作之中。为了还债，他在俄亥俄州坎顿市一家百货商店找到了一份看门的工作。

他很快发现，清洁地毯的活儿对他的健康十分有害。虽然吸入式地毯清洁机早在1859年就已发明出来，但这东西并不实用。在斯潘格勒那个时代，地毯清洁机又大又笨难以操纵。更糟糕的是，它震得满屋子灰尘飞扬。本来斯潘格勒长期以来因为肺部问题呼吸困难，这样一来更是又咳又喘病成一团。尽管这种工作会要了他的命，但斯潘格勒必须挣钱还债，根本不敢辞职。既然不能辞职，他就得设法发明一种清洁工具，也许是一种清洁机器。没钱订做配件，看门人就在家里找些能用的自制零件改装。他在垃圾堆里拣了一个破肥皂箱，用胶布把裂缝粘牢，然后把箱子装在一组小轮子上。在箱子的一头，他安装了一个商店里卖的那种地毯清洁机的滚刷，再把滚刷接在一个小电动机上。在箱子的另一头，他牢牢地粘上一个枕套。

在电动机的带动下，滚刷在地毯上清扫灰尘污垢，电动机的空吸作用把污垢汇聚到机器后面，收集在枕套里。斯潘格勒制作的“电动吸人式清洁机”不仅挽救了他的健康，看来也是把他从财务窘境中解脱出来的光明之路。他知道他发明的机器能节省多少劳动，他也确信别人同样会看到其中的利益。1908年，他在申请专利的同时，成立了一个公司生产和销售电动清洁机。可是，一个新企业的成功通常需要时间和资金，而这个疾病和债务缠身的看门人，既没有时间也没有资金。

在斯潘格勒为公司的白手起家艰苦奋斗时，一天，他把一台机器演示给他的表妹苏珊看。这个演示十分重要，因为苏珊不仅买了一台机器，而且她后来恰好嫁给了俄亥俄州北坎顿

(后为新柏林）的市长威廉·胡佛，这位市长恰好正要找一种新兴产业来投资。

威廉·胡佛第一次仔细察看斯潘格勒发明的机器时，已经快满60岁了。他从父亲手里买下家族的皮具厂，经营了35年，厂里现有200多名工人。一百多年来，胡佛家的皮具厂主要是靠生产马鞍、马轭、挽具赚钱。然而胡佛坚信，他的皮具厂的全套产品很快就将没用了。在这个世纪之交突然出现的汽车，震撼了全国的皮具业，威胁到每个皮具商的生存。

像他这样的富裕商人，从此退休并承认将要到来的新时代是个并不困难的选择。他也可以加入那些养马人的行列，设法阻止那“无马的马车”继续发展。然而，威廉·胡佛表现出适应时代变迁的杰出能力。他要寻找保持其商界地位的新途径。他一方面继续生产原有产品，另一方面让他的工厂全力生产汽车引擎所需的皮带等零件。他知道这不过是权益之计，所以他还睁大眼睛寻找新的生产领域。

他一看到电动吸入式清洁机，立即意识到这正是自己苦苦寻找的东西。越来越多的家庭通了电，胡佛预见到，随着用电的普及，对电动清洁机的需求必将增加。经过一系列谈判，胡佛和斯潘格勒在1908年签订了协议。胡佛答应支付斯潘格勒的全部债务，并聘请这位发明家为产品顾问。斯潘格勒还将根据清洁机的销量另外领取一份薪金。作为交换条件，斯潘格勒把刚刚申请到的这项发明的专利权转让给胡佛。

胡佛在皮具厂的一角，建立了电动吸入式清洁机公司。3名工人每天生产5到6台清洁机，胡佛准备在他同斯潘格勒的协议签字后的3个月内，把新产品推向市场。

久经商场的胡佛发明了一种巧妙的方法，来解决斯潘格勒已经面对过的如何吸引顾客的问题。他在杂志上刊登广告，声明他的公司将向对广告做出回答的每一个人提供10天的免费试用期。然后，他不是把电动吸入式清洁机直接送货上门，而是写信给顾客们，告诉他们可以在当地的商店里提取清洁机。同时，他把产品运送给各地店主，并随货附上一封信，告诉店主只需在顾客对机器满意时替公司收下货款，并提取佣金。如果顾客退回机器，那么商店可以保留下来作为演示用机。在这种情况下，店主不可能亏损。由于胡佛慷慨而明智的承诺，使他和那些抱怀疑态度的商家创立了供销合作关系。在公司开张的第一年，就卖出了372台电动吸入式清洁机。

胡佛的清洁机经过进一步的改进，到1912年，其销量差不多达到了4000台。到1919年，胡佛的新产业发展得如此迅速，以至他不得不丢掉百多年来曾经是其家庭组成部分的皮具业，以便集中精力真空吸尘器的生产。由于胡佛把他的推销策略转变为建立样品演示网，他的公司对真空吸尘器在家庭中广泛应用起了关键作用。

斯潘格勒因为自己终于发明了有用的东西而得到某种满足。但除了不再担心债主上门催债以外，他没有从他的创造物得到多少报偿。眼看着无权分享他的机器在全国畅销的利益，斯潘格勒在1915年郁郁而终。1910年，电动吸入式清洁机公司更名为胡佛公司，于是胡佛，而不是斯潘格勒，成为真空吸尘器的代名词。

宾戈（Bingo）：无主的财产

这个游戏是这样简单，这样普通，这样深入地成为美国生活的一部分，以至很难想象这个游戏还曾有过开端。宾戈就好像是西方文化遗产的一部分，已经留传了一代又一代。

令人惊讶的是，溯其根源，宾戈这种游戏来到我们中间并没有多久，而且它的流行主要归功于两个人的努力。联想到人们每年花费在宾戈上面的大量金钱，一定有人认为这两个人准赚了大钱。其实，把宾戈制定成为现在这种形式的人只不过是个在嘉年华会做小生意的摊贩。他的名字已经被忘记，甚至他为这个游戏取的名字也被废弃了。借用了小摊贩思路的埃德温·洛把游戏生意做得挺红火，但他的名字也很少同他那极受欢迎的游戏连在一起。几乎是埃德温刚刚把宾戈推出，宾戈立即就成了一份无主的财产。谁想生产和销售这种游戏，都可以随便。

这个故事要从美国的一个嘉年华会摊贩说起。为了在他离家到欧洲的嘉年华会赚钱时，让他的孩子有点玩意儿消磨时间，这个小生意人买了一种叫做洛托的游戏。从16世纪起欧洲人就开始玩洛托了。这种游戏有很多花样，玩法是游戏者在方格板上随意填满数字和字母，如果与预先设定的相同，就算赢。小摊贩看到他的孩子们那么喜欢这种游戏，就想也许能用它在嘉年华会上招徕顾客。他按照这种思路设计了一种他叫做宾诺的游戏，并把它带到了欧洲。没想到在嘉年华会上，大家为这种游戏着了迷。而把宾诺明确地创造成为嘉年华会上赚钱的工具，那则是在1929年，美国。

当时，美国正在经济大萧条的第一次打击之下挣扎。遭受打击并陷于绝望之中的，有一个名叫埃德温·洛的玩具推销商。他无法用推销玩具的佣金凑够养家糊口的钱，于是想再生产些游戏工具来挣点外快。但是，在大家没心思买玩具的时候，同样没什么心思买游戏。埃德温有一次到佐治亚州亚特兰大推销，毫无收获，但他还是强打精神，爬上汽车，再向下一个目标——佛罗里达州杰克逊维尔开去。

那天，他开车开到深夜，突然被公路旁一片明亮的灯光吸引了。他停下车，发现在佐治亚一个小城城郊正在举办嘉年华会。这么晚了还没散摊？他有点奇怪。果然，他看到当晚的嘉年华会正在收摊，大多数摊位都已关门，只有一个除外。在那个摊位上，很热闹地挤了一大群人，不肯离去。尽管时间很晚了，但埃德温怀着好奇心挤进了人群。只见摊主大声喊着数字，几张桌子周围坐满了来玩游戏的人，他们渴望地急切地听着那一串数字，游戏桌上摆满了硬币。每当有人填写的数字与摊主喊出的一串数字相同时，他就高喊“宾诺”并得到一份奖励。埃德温本是游戏行中人，对游戏技巧得心应手，于是摸出硬币，打算参加进去，但他发现没人愿意让给他座位。尽管疲惫不堪的摊主不断肯求大家不玩了，这伙人还是一直玩到凌晨3点钟才回家。

埃德温立即想到可以生产盒装的宾诺游戏。但他又不敢确信他看到的这件事，他担心是一群过于热心的嘉年华会常客造成的假象。为了检验，他带了一套宾诺回家，一天晚上邀了一些朋友来玩游戏。让他又惊又喜的是，他的朋友玩起宾诺就像嘉年华会那些人一样如醉如痴，旁若无人。一直玩到凌晨，客人们还是不想离去。后来，他们开始赌钱了，埃德温才把他们赶回家去睡觉。

一次，一个女人听到自己玩赢了的时候，激动得涨红了脸，忘了该喊什么。她愣了一会儿，突然喊了一个“宾戈！”埃德温一听到这个词，马上意识到用它作为游戏的名字比宾诺更好。

试验成功之后，埃德温立刻生产了两种宾戈游戏，12张卡一套的卖1美元，24张卡一套的卖2美元。那时，他同时在销售另外三种游戏，都没成功。但他的宾戈刚一上市，马上就被顾客一抢而光。紧接着，订单像雪片般飞来。没过多久，那些想学着埃德温致富的竞争者，都纷纷仿制和销售起宾戈来。虽然埃德温可以运用商标法保护“宾戈”这个名字，但他决定不这样做。因为他已经被汹涌而致的订单所淹没，根本完成不了那么多生产任务，他觉得没有必要在法庭上同仿制者打官司，花掉他宝贵的时间。他不仅没有控告这些仿制的公司，反而允许他的竞争者使用宾戈这个名字，每年只需缴一元钱。

后来，宾夕法尼亚州维尔克斯-巴雷的一位祖父找到了他。这位祖父急需用钱，他听了一个女信徒的建议，打算用宾戈来筹集资金。事实证明这个办法很受欢迎，但是成本也很高。因为这种游戏只有 24 张基本卡片，每次都有许多赢家。教堂不得不设法大大压缩奖金的数量。祖父需要由更多数字和字母组合的更多张卡片。埃德温带着这个问题去向哥伦比亚大学的数学教授请教，他请这位教授设计 6000 张新卡，每张都应有数字的不同组合。在还没有计算机的年代，这不是个简单的任务。越是接近 6000 张的目标，任务就越变得艰难。埃德温为每一张卡片向教授许诺越来越多的酬金，直到他实现了做完 6000 张这个目标。

随着数字组合种类的增加，奖金的数额可以有效地控制，这种游戏筹集资金的功能也就越来越强。在 1934 年，美国每周要举行上万次筹集资金的宾戈游戏活动。宾戈越来越普及，到现在，它仍然是非赢利机构筹集资金的主要手段。

虽然埃德温放弃了对他的游戏的控制权，他的命运还是要比本故事中另一位主人公好得多。我们不知道那位嘉年华会宾诺游戏的发明人后来成了什么样子，但无论他的命运如何，他都是这个千百万人喜爱的游戏最大的无名英雄。

超人（Superman）被抛弃的双亲：贫困的成功者

超人，这个传奇式的真理、公正和美国生活方式的捍卫者，当初是为宣扬美国无论什么都好而设计的。然而，1975年纽约时报一篇关于超人的两位创作者悲惨遭遇的报道，使超人那蓝色紧身衣和红色大斗篷的光辉变得暗淡了。人们发出了“公正”对待超人创作者的强烈呼声。

其实，超人不是来自天外的氪行星，而是来自美国俄亥俄州的克利夫兰。那是1932年，美国正处于大萧条打击之下的瘫痪状态。然而，一片凄凉的经济环境并没有使两个17岁的高中生气馁。杰里·西格尔决心献身于写作生涯，而他的朋友乔·舒斯特希望在美术史上留名。两个小伙子如饥似渴地阅读科幻杂志，来激发想象和灵感。他们迫不及待地想开创自己的事业，于是开始创作和编写故事，在他们自己的名叫《科幻小说》的杂志上发表。

西格尔写了一个关于一名邪恶的科学家的故事。其中，“超人统治”的情节是从他崇拜的电影明星小道格拉斯·费尔班克斯杂技般的表演中得到了灵感。在20世纪30年代，“超人……”的说法还极其少见，西格尔之所以选择超人这个名字，是因为它听起来权威而且响亮。舒斯特为它配了插图，这个故事于1933年发表在孩子们的科幻小说杂志上。这两个孩子刚开始画连载卡通，也是想试着玩玩。

本来两个人都不太清楚该怎么接着做下去，1934年的一个夏夜，闷热的天气叫西格尔无论如何也睡不着。他在床上辗转反侧，浮想联翩，脑子围着超人打转，终于想出了完善超人形象的一套办法。到了早晨，他脑中的超人形象已经有血有肉，栩栩如生，使他激动得要求舒斯特立即动手画出来。新超人是一个常人无法看见的捍卫社会理想的传奇英雄。当时，绝大多数美国人的处境十分艰难，西格尔希望这个英雄形象能够激发人们的精神。

西格尔的思路多是借鉴于科幻小说，特别是菲利普·威利的小说《古罗马斗士》。西格尔让他的人物身穿色彩鲜艳的紧身斗士服。他出生于另一个星球，来到地球，成为威力无比的自由和公正的捍卫者。他像正常人一样过正常人的生活，有个人的隐私，不向任何人透露自己的秘密身份。

在舒斯特完成了美术工作以后，他们俩就出去兜售这部卡通连环画。大多数报业干脆地拒绝了他们的投稿要求，有的表示有兴趣，但要求做实质性修改，西格尔和舒斯特不肯这样做。

在出售超人遭受失败之后，两个孩子转而创作其他卡通故事书来维持生活。他们卖了“苦战布莱德利”和“间谍”两个卡通故事给卡通图书出版商亨利·多南菲尔德。1938年，多南菲尔德打算为他正在开始制作的“动作卡通”丛书找一个主人公。他请求当时公认的卡通图书权威盖恩斯出主意，盖恩斯向他推荐了西格尔和舒斯特的超人。

经历了四年的挫折之后，两个年轻人终于找到了一个买主。1938年6月，超人连载卡通画出现在报摊上。读者的反响极为热烈，赞扬声势不可挡。没过多久，超人就成了全国最受欢迎的卡通形象。紧接着超人卡通剧和超人卡通电影上演后，又开始播出超人卡通广播和超人卡通电视连续剧。超人的出现不仅保证了行动卡通丛书的成功，而且带来了整个卡通图书业的繁荣。紧跟着超人的一批卡通英雄陶醉了一代又一代年轻人。

由于出版商和生产厂商从超人身上赚到了巨额财富，人们一定以为西格尔和舒斯特年纪轻轻就成了百万富翁。其实不然。他们太年轻了，不懂得他们手中的权益是什么以及如何保护这些权益。他们把有关超人的全部权益，以很低的价格卖给了他们的老板。在几年之内，他们以每页15美元的价钱，为行动卡通丛书做完了超人连载卡通画的全部工作。然而，几年之后，舒斯特的视力开始下降，这两个年轻人的位置便被其他更精明老练的艺术家取代了。

西格尔和舒斯特向法庭提起诉讼，要求夺回对他们创作的超人的控制权，并分享别人正从中获取的巨额利益。虽然他们从超人产品中得到了一点钱，但没能夺回已经傻乎乎卖掉了的权益。

就在超人享受着胜利喜悦、无限风光的时候，他的两位创作者却陷入了十分贫困的境地。西格尔的视力糟糕到只能做一些低收入的简单手工劳动。他双目失明以后，住在纽约一间破旧的公寓里。在他为世界绘出第一幅超人图画的 40 年以后，他还得靠弟弟为他支付各种生活费用。与此同时，61 岁的西格尔正在加利福尼亚州政府当个工资很低的小职员。虽然他直到 60 年代末还在给 D.C.卡通公司（超人权益的拥有者）写稿，但他的财务状况已经变得非常糟糕，有一次他不得不把自己珍藏的老版本卡通图书拿出来换点钱。

这两位超人的创作者为分享赢利斗争了许多年，但在 1975 年，他们承认失败了。他们转向新闻媒介，召开记者招待会，公布了自己的悲惨处境。西格尔和舒斯特得到全美国卡通工作者的声援，记者招待会之后不久，终于争得了一项解决方案。超人权益的拥有者向两位超人的创作者各支付了一笔养老金，使他们藉以挨过风烛残年。

这笔钱是超人的两位创作者急需的救命钱，但这只是他人从超人身上赚到的很小一部分，而且这钱至少晚到了30年。许多人靠超人名利双收，但他的“双亲”却被抛弃了。

赫梅尔小塑像（M.I.Hummel Figurines）：七修女的馈赠

它们被称为世界上最可爱的孩子，不仅仅是因为它们从不会做错事。赫梅尔小塑像那天真无邪的眼睛、活泼有趣的神态倾倒了数以百万计的崇拜者和许许多多严谨的收藏家。这些精致的陶制儿童塑像是五十多年前由一家西德公司生产的，现在个个价值不菲。但是，把它们带到世界上的那位艺术家却在很久以前就已英年早逝。

伯塔·赫梅尔 1909 年生于德国南巴伐利亚梅辛的一个乡村。还是个孩子的时候，她就非常喜欢画画。没钱买绘画用品，她就在废纸和家里信纸的边上画。

她的父亲曾经希望自己有一天能成为一个艺术家。但这个梦想很快破灭，因为他必须接过家里的生意。看到女儿具有良好的绘画天分，他决心为女儿提供他未曾有过的机会，让她进入慕尼黑实用美术学院学习。赫梅尔给她的老师留下了很深的印象，在她1931年从学院毕业时，老师们都劝她继续学习艺术专业的研究生课程。

但是赫梅尔自有打算。她感受到神的召唤，进入希森修道院当了修女。她取教名为玛丽亚·英诺森蒂亚，献身于新的事业，同时继续认真作画。她画得太好了，修女们见了，都坚持要她再去慕尼黑实用美术学院深造一年。

对于大多数艺术家来说，只可能逐渐博得声誉，但玛丽亚不同，她的绘画立即获得了高度赞赏。当时，明信片是德国人相互交流的一种普遍方式，玛丽亚那暖人心怀的儿童画像一下子被德国的明信片生产商看中了。这位巴伐利亚修女好像具有把握大人们早已忘怀的童趣和童真的特别本领。

1933年，举行了一次展览会，集中展出了用她的画制作的明信片。一家祖传的陶瓷制造公司的总裁弗朗兹·戈贝尔看了她的作品，十分激动。戈贝尔立即造访修道院，请求允许把玛丽亚感人至深的绘画转制成立体的陶像。很快，制造第一尊我们现在所说的赫梅尔小塑像的计划就在拟订之中了。

戈贝尔对质量和细节要求严格超乎寻常。每个塑像都要经过25道不同的质量检查关。有的赫梅尔小塑像采用了多达39个模块，每个模块全都掏空，以防在高达华氏2100度（摄氏1159度）的炉火高温下炸裂。

第一尊赫梅尔小塑像在1935年3月的德国来比锡博览会

上揭幕。如同玛丽亚绘画的明信片一样，她的栩栩如生、天真烂漫的创造物立刻博得欧洲一片赞扬声。收藏家蜂拥而至，希望多收集一些赫梅尔小塑像。3 个月后，赫梅尔小塑像传到美国，马上在这里拥有了一批为数不多但十分虔诚的追求者。第二次世界大战期间，驻德国的美国军人带回来不少赫梅尔小塑像。

就在这时，这些大受欢迎形象的蓝图勾画者却被折磨了她多年的疾病击垮了。1949 年，修女玛丽亚远在赫梅尔小塑像的声誉和价值到达其顶峰之前，在 37 岁时死于肺结核。

她那多病之躯归于尘土，她那健康的艺术却长留世上。戈贝尔公司依据同修道院不断修订的协议，继续使用修女玛丽亚能够转制成塑像的绘画。在她去世 40 年之后，戈贝尔公司还没有用完她留下的画作。

许多人想收藏尽可能多的戈贝尔公司出产的修女玛丽亚的作品。光是在美国就有那么多的赫梅尔小塑像收藏者，以至美国财政部在 1952 年正式认可收藏赫梅尔小塑像是“美国人的爱好”，并明确规定赫梅尔小塑像是“艺术品”，从而给收藏者以税收政策方面的优惠和便利。为此，戈贝尔公司在纽约成立了北美收藏家俱乐部，其会员人数达到 15 万人。

同本书其他主人公一样，修女玛丽亚从她带给世界的创造物所得甚少。而最大的悲剧是她没能活到能够亲身感受人们对她的馈赠热烈的追求，和对她深深的感激之情。

麦当劳（McDonald's）：快餐先驱

现代社会快节奏的最好象征要算是快餐业。五十年前，人们只有在时间充裕的时候才会到外面吃饭。即使是在最便宜的饭馆里，也要等你按照菜单点菜以后，厨师才开始为你做菜。

现在你只要有几分钟时间，就可以在你周围众多快餐馆中选上一家，吃一顿饱饭。这种不用等的饭菜已经成为人们生活的一部分。据统计，每一天美国有6%的人要在麦当劳快餐店吃一顿饭!

给美国人饮食行为带来革命性变化的功劳，大部分都记到了在美国和世界各地建立麦当劳快餐店的雷·克罗克的头上。然而追根溯源，是麦当劳兄弟开创了现在仍以他们的名字命名的快餐业。

莫里斯·麦当劳和里查德·麦当劳兄弟，20世纪初出生于美国新罕布什尔州贝德福德农村。梦想着成为电影演员，他们在1928年离开新罕布什尔，来到好莱坞。

不幸的是，如同到加利福尼亚来追寻明星梦的大多数人一样，两兄弟发现演员工作极其难找，而他们不得不设法谋生。他们下了决心，即便不能上银幕，也要在影城开个小型电影院，挨着电影明星住下来。

这是他们可能争取到的与电影事业最接近的一种选择。但是，在他们到达西海岸后不久，经济大萧条就降临了。无论是他们的小电影院还是他们的其他创业计划都没有成功。里查德·麦当劳后来描述他们当时的状况时说，他们“就像两只饿得要死的狗”。

1937年，麦当劳兄弟打算试试西海岸最时兴的服务到车的路边餐馆，看看能否赚到钱。他们向别人借钱，在洛杉矶郊区车流量很大的帕萨迪纳附近开了一家餐馆。最初，他们也是由一组训练有素的侍者请顾客从菜单中订菜，然后把做好的菜送到车前。在这个行业中，麦当劳兄弟获得了成功，所以他们几年以后，又在圣巴纳迪诺开了第二家餐馆。

服务到车的路边餐馆直到1948年生意都很红火。就在这一年，麦当劳兄弟想出把他们的餐馆变成快餐店的主意。他们的想法蛮有道理：如果他们能找到一种办法把饭菜做得越快，顾客就会越高兴，也就来得越多。麦当劳兄弟希望能在不降低质量的前提下，建立一个快速做好饭菜的系统。他们的餐馆应该在顾客到来之前把饭菜准备好。

但是，要为一个提供各种花样饭菜的菜单建立这样的系统，其困难程度远远超过了他们的想象。麦当劳兄弟决定把菜单上饭菜的品种减到尽可能少的数量，从25种减到9种。他们的第一张快餐菜单包括售价15美分的汉堡包，10美分的炸薯条，20美分的牛奶搅拌冰激淋。厨房全部是流水线作业。

麦当劳兄弟认为，侍者在快餐店里是多余的，甚至是碍事的。他们取消了侍者，而让顾客直接同收银台打交道。麦当劳兄弟以一种新的逻辑赌了一把："想吃花哨和高档的，请到别处去；想吃简单、实惠和快速的，请到我这儿来。"

很显然，简单、实惠和快速的食品正是许多人所需要的。开车过往的人们被快餐店"快速服务"的招牌以及那穿过天棚的黄色拱门所吸引。没过多久，麦当劳兄弟就靠卖15美分一个的汉堡包赚了成千上万美元。

在很长时间里，麦当劳快餐店一直是圣巴纳迪诺的一家特色餐馆。到了1954年，这家餐馆开始扩张成为一个庞大的快餐王国——可惜不是麦当劳兄弟负责的王国。当时，一个推销纸杯和麦乳精搅拌器名叫雷·克罗克的芝加哥商人，面对一份从西海岸来的订单直纳闷。一定是什么人搞错了；为什么一个小小的餐馆要订那么多麦乳精搅拌器，一次要搅拌40杯？

克罗克决定亲自去看看这家餐馆。他来到圣巴纳迪诺进行调查，他所看到的让他大吃一惊。麦当劳快餐店除了在停车场中间一座小小的八角形建筑外，什么也没有。然而许许多多的顾客快速地进进出出，快餐店应接不暇。由于顾客太多，麦当劳兄弟不得不请了保安人员来维持秩序。

克罗克进去要了一份快餐，这下他就明白为什么麦当劳的生意如此火暴了。他用不着等，而食品的质量又特别好。克罗克觉得汉堡包和搅拌冰激淋棒极了，而炸薯条则是他所吃过的最好的。给他印象尤为深刻的是，餐馆极为清洁。

显然，麦当劳的系统运行得很好，对它的产品需求量很大。克罗克问两兄弟，为什么不建更多的餐馆来赚更多的钱。两个新罕布什尔人回答说，他们已经赚到了任何人都用不完的钱。别人已经在用与他们相似的方式开餐馆赚钱，他们也已经用专营权在当地同这些人打过官司。他们实在不想再卷入因为扩大业务而可能带来的那些头痛事情。

克罗克当年52岁，眼看快到事业的终点了。他是个高中辍学生，在开始推销麦乳精搅拌器以前，曾经试过各种行当，从给一个大乐队弹钢琴到推销房地产。然而多年的经验使他能够识别并抓住出现在面前的巨大机会。他提出，如果麦当劳兄弟给他专营权的话，他将按销售收入的百分比付给麦当劳兄弟报偿。他要求的专营权包括在全世界的新建餐馆使用麦当劳快餐店的名字和系统。

麦当劳兄弟同意了他的要求，克罗克立即开始行动。1955年4月他在芝加哥郊区建立了他的第一家麦当劳快餐店，第二年在加利福尼亚州弗莱斯诺又建了一家。正如他所希望的，麦当劳的快餐思想在芝加哥和弗莱斯诺，同在圣巴纳迪诺一样大受欢迎。没过多久，麦当劳金色拱门状的商标就在全国随处可见了。

1960年，麦当劳兄弟决定退出来仔细思考一下他们开创的这个快餐王朝。经济大萧条时期的经验使他们变得十分谨慎，他们怀疑飞速发展的快餐业只是一种暂时的疯狂。即便它是一项长久的事业，这两兄弟也认为他们已经实现了他们想在商界想做的一切。如果有人想把正在蓬勃发展的麦当劳快餐连锁业统统拿去，那他们就欢迎他这样做。于是，在1961年，他们同意以250万美元多一点的价钱，把麦当劳快餐业的全部权益，包括秘密配方、商标和300家连锁店专营权卖给克罗克。

买下麦当劳兄弟的权益为克罗克赚进了巨额利润，使克罗克成为世界上最富有的人。克罗克把麦当劳快餐业建成了一个扩展最快的企业。从买断麦当劳全部权益的1960年起，不到30年时间里，麦当劳快餐店从300家发展到10000家，每天为2200百万人服务。

就在快餐业成为美国一项重要产业的时候，麦当劳兄弟平静地退休，回到新罕布什尔州老家。莫利斯1971年在加利福尼亚棕榈泉去世，里查德手中握有大量麦当劳快餐店的股票，有幸活着看到他开创的产业给世界带来的巨大影响。麦当劳快餐业现已成为全世界家喻户晓的产业，不过麦当劳兄弟都没有为卖出了这个快餐店连锁系统表示过懊悔。

宝洁公司（Proctor & Gamble）：变废为宝成大业

19世纪30年代，俄亥俄州辛辛那提河边镇繁荣起来了，这很大程度上要感谢当地猪肉加工业的发展。猪肉加工的工艺流程决定了城里有足够的动物性脂肪，在当时，猪油和肥肉被认为是工业废物，但它至少可以生产两种产品：肥皂和蜡烛。

两个贫穷移民建立的公司，通过生产肥皂和蜡烛占据了美国家庭用品市场的主导地位。美国很难找到一个没买过威廉·普罗克特和詹姆斯·甘布尔所建公司产品的人。他们两人的名字连在一起已有150年之久，使他们成为有史以来最有名的合作者之一。

甘布尔和普罗克特都是漂洋过海来到美国，想为自己找到更好的生活。1819年，在甘布尔16岁时，他一家人先到达美国。他们本打算到伊利诺伊州肖尼城落脚，如果不是因为甘布尔在途中病得很重，他就永远不可能见到普罗克特了。甘布尔一家乘坐的船在辛辛那提靠岸，以便甘布尔能得到治疗。就在等甘布尔康复的时间里，他们一家人觉得辛辛那提挺好，就在这个城市里住了下来。

两年后，甘布尔找到个工作，给制造肥皂的师傅当学徒。虽然做肥皂并不复杂，但按照当时的学徒行规，甘布尔不得不在师傅的手下干 8 年。直到 1829 年，可以做自己的生意了，甘布尔和一个名叫希拉姆·诺尔顿的人合伙建了一个小肥皂厂。

1832 年，31 岁的威廉·普罗克特在伦敦的毛织品商店被盗，失去了他所有的一切。普罗克特和妻子决定到美国开始新的生活。不幸的是，普罗克特的厄运也随着他们跨过了大西洋。在他们到达美国时，那里正在流行霍乱。他们还没落下脚，普罗克特的妻子已经死于这场灾难。

普罗克特在辛辛那提住了下来，但他并不知道怎样才能赚钱养活自己。他很快发现，在这个有 2500 多人口的城市里，尽管制造蜡烛的原料非常丰富，高质量的蜡烛却十分缺乏。还是个孩子的时候，普罗克特在蜡烛作坊里工作过，他认为，他的手艺足以够他办个蜡烛厂。

普罗克特同甘布尔第一次见面是在 1833 年，当普罗克特和甘布尔妻子的妹妹结婚，两人成为连襟。他俩的岳父认为，既然他们使用同样的原材料，何不同心协力一起干？最后普罗克特和甘布尔同意了岳父的主张。1837 年，甘布尔从诺尔顿–甘布尔公司退出，而同普罗克特的公司联合起来，成立了宝洁公司（Proetor& Gamble）。

普罗克特的全部设施包括一间租来的库房、一个院子和一个狗窝。狗窝是普罗克特用来吓贼的。穷得养不起一只看家狗，普罗克特就在狗窝门口拴一条链子，狗窝周围乱丢一些骨头，让人看上去像是养了一只狗。

甘布尔和普罗克特在院子里，用一只装着铁底的大木桶熬油，加工产品。甘布尔负责添加原料，他每天一大早起床，挨家挨户敲门，用一两条肥皂换取住家和旅店废弃的猪油和肥肉。

没过多久就能看得出，显然普罗克特更擅长于经管销售和财务，而甘布尔更擅长管理生产。他们互相信任，让对方放手在他专长的方面发挥才能，从不互相干扰。事实上，尽管他们的友谊很深，但他们太专注于各自的工作，工作时间里，他们相互间话都很少讲。

最初，他们的公司赚钱主要靠生产蜡烛。渐渐地，肥皂越来越受欢迎。成功也不是一蹴而就，实际上，到 1850 年他们仍然在租用的库房外露天作业。

宝洁公司之所以繁荣起来，其中一个主要原因是，当时普遍存在欺诈行为，而他们却博得了老实经营的美誉。与许多竞争对手不同，宝洁公司既不假报产品重量，短斤少两；也不用大理石粉、面粉和骨胶代替更值钱的肥皂原料，掺假使假。然而，他们的公司还是遇到了问题，因为许多商店从他们出产的大条肥皂上面切一些下来再出售。肥皂上没有任何标签，顾客没法辨认肥皂是哪家公司生产的。宝洁公司诚实的结果只是白白增加了自己的生产成本，让那些不老实的人赚了便宜。

1851 年，一个码头工人开始用十字给宝洁公司的星牌蜡烛包装箱做记号。逐渐地，这个记号变为一个星星，而后是一组星星，最后成为一个月亮和一组星星，这个图案成了宝洁公司的商标。这些早期的记号给了顾客一个识别的办法，告诉他们这才是宝洁公司的产品，而不是假冒伪劣商品。从此，宝洁公司的销售额大增，到 1859 年，这个公司已经成为辛辛那提最大的公司。

宝洁公司在 1960 年采取的一些精明策略，进一步加强了公司的实力。他们预见到美国南北方之间日见增加的敌意必将威胁松香的供应。松香在当时是制造肥皂的重要原料，只能从南方购买。宝洁公司购进了大量松香，储存在一个工厂里。当年晚些时候南北战争爆发，松香的价格上涨了 15 倍。北方大多数肥皂厂家因为松香价格飞涨蒙受了重大损失，而宝洁公司手中有足够的松香原料供长期生产之用。

因为在之后的 20 年里，诸如松香和猪油等原料供应严重短缺，宝洁公司致力于寻找制造肥皂的替代原料。公司开发出不用猪油生产肥皂的方法，还找到一种很好的松香代用品。

公司早期最主要的新产品是象牙肥皂，这是普罗克特和甘布尔的第二代开发的。19 世纪 70 年代后期，公司创始人甘布尔的儿子詹姆斯·甘布尔开始寻找一种经济的办法生产肥皂，而产品质量要像最贵的卡斯泰拉肥皂一样好。经过 4 年的研究，他完善了用两种脂肪和 8 种其他原料生产肥皂的新工艺。

刚上市时，公司只是把它叫做“白肥皂”。后来，威廉·普罗克特的儿子哈雷想出了一个更好的名字。一个星期日，他在教堂做礼拜，心不在焉地听着“诗歌第 45”，突然，“象牙宫殿”这个词激发了他的灵感，他马上决定把新产品取名为象牙肥皂。

为了证明这种并不太贵的象牙肥皂同市场上任何昂贵的肥皂一样好，普罗克特送了 3 条卡斯泰拉肥皂和一条象牙肥皂到一家科学实验室，作为分析样本。科学家的分析报告说，象牙肥皂所含杂质比其他肥皂都少。根据实验室的分析，象牙肥皂的纯度高达 99.44%。“纯度高达 99.44%”，这一科学评价立即被普罗克特用做广告词。成功的广告宣传使象牙肥皂的销量显著增加。

一次漂浮事故也被宝洁公司用来进行宣传，并帮助象牙肥皂进一步确立了在市场中的地位。据说，一个工人在午餐时间让搅拌机继续运转，过长的搅拌时间使空气进入本该凝固的肥皂中，致使肥皂发泡，并随废水漂进了河里。这本是一次偶然发生的事故，但在那以后的一段时间里，许多人到工厂附近的河里洗澡，漂浮到河里的象牙肥皂仍具有如此强大的洗涤能力。这故事一传十，十传百，象牙肥皂的名声大振。

宝洁公司的新总裁、创始人的儿子们懂得广告的价值。他们开始把大笔资金投入广告，在报纸、杂志上，后来在广播、电视上宣传自己的产品，这使宝洁公司较早地建立了产品的品牌。这个公司的生产渐渐扩大到各种日用消费品，其中许多是家喻户晓的品牌，如太渍洗衣粉、佳洁士牙膏、克里斯科（Cdsco）疏松剂等。拥有如此著名的品牌、如此庞大的产品系列、如此巨额的销售收入，你很难想象这个公司是两个穷苦移民在后院的大铁锅里熬出来的。

创造了道-琼斯（Dow Jones）指数和华尔街日报人：华尔街奇才

“道-琼斯平均指数”被如此广泛地引用，即使不在股票市场投资的人也知道，这些数字表明了美国经济的运行情况。然而，却很少有人知道，道-琼斯是谁，是怎么一回事。

实际上，从来没有一个名叫道·琼斯的人。是查尔斯·道和爱德华·琼斯两个人把他们的姓连在一起，作为股票市场指数而永留芳名于世。这两个人发明了一种为金融分析家服务的新闻工具，让他们能随时了解股市的涨落。

查尔斯·道 1851 年生于美国康涅狄格州斯特灵的一个农场。他的童年有如厄梦。两个弟弟夭折，6 岁时死了父亲。人们不知道在那之后的 15 年里，道是怎么活过来的。只是后来，一次他的一群助手聚在一起闲聊，谈到过去自己干过哪些工作，道默默地坐在一旁不作声，在一张纸上写着什么。等他写完，他给助手们看的是一张清单，上面列着他曾经干过的至少50种工作。

在他干过的所有工作中，他最喜爱的是新闻报道。1872年，仅仅21岁的道，被马萨诸塞州《斯普林菲尔德共和日报》聘为记者。很快他就被提升为主编助理。在斯普林菲尔德工作3年之后，他辞职来到罗德岛普罗维登斯，担任《普罗维登斯晨星和晚报》夜班主编。后来他又辞职到更大的《普罗维登斯日报》工作。到职后头头告诉道，报社派不出助手协助他。道回答说，他不需要任何助手，他知道如何搞到新闻，他希望有机会证明自己的能力。

道把握住这次机会，努力把工作做好。1879年，报社派他到美国西部去报道淘金热。对科罗拉多州利德维尔发现金银矿进行报道，使他有机会第一次对金融界高层活动做仔细观察。在1877年那里首次发现稀有金属时，只有两名采掘先锋住在那儿。而在那之后的两年中，就有2000人怀着梦想来到利德维尔，挖掘着人们传说中的丰富银矿。道在矿区住了下来，同许多金融专家交谈，写出一系列绘声绘色的生动报道，讲述了在洛基山矿区发生的高回报、高风险金钱赌博故事。他回到东海岸后，很快辞去了普罗维登斯的工作，跟着金融家们到了纽约。

虽然他以寡言内向的性格闻名，但要找工作却一点也不难，道被聘为专门报道矿业股票动态的记者。没过多久，他获取信息和准确报道的能力，就使他赢得了与股票市场有关的各界人士的信赖。道最后在凯尔南新闻社受到聘用，这家新闻社用手写简报的方式，向纽约金融区的中介机构和银行发送新闻。1882年，道和爱德华·琼斯一起创建了道-琼斯合伙公司。琼斯是一个大学辍学学生，曾和道一起在普罗维登斯工作，后来又在凯尔南新闻社共事。

爱德华·琼斯是马萨诸塞州伍斯特人，比道年轻5岁。他在普罗维登斯同道共事之后，自己到了纽约，而且很快成为金融新闻记者中的头等好手。他能理解哪怕是最复杂的财务报告，并把它用简明生动的风格报道出来。与老学究道不同，琼斯爱好交际，活泼幽默。他在股票商和银行家夜间经常聚会的温德索饭店是个颇受欢迎的人。琼斯在那里收集到各种有用信息，从而把道-琼斯合伙公司办得很有名气。

道和琼斯在收集信息方面，还得到原凯尔南新闻社同事查尔斯·伯格斯特利斯的协助。伯格斯特利斯后来成为公司的不露姓名的合伙人。

虽然是在金融界的高层运作活动，道-琼斯合伙公司还是简朴得像个卖柠檬汁的饮料摊。公司设在一个大汽水桶背后白天都得点灯的小黑屋里。他们的每日新闻用手一份份抄写，简报由信息员递送给各商家用户。在递送过程中如果探听到什么新闻，将会编入下一期简报。经过一段时间以后，他们的简报越来越像一份正式的报纸了。1889年，道-琼斯合伙公司推出了新闻简报的改进版，取名叫《华尔街日报》。

在纽约商界工作了22年时间，查尔斯·道成为股票市场研究和分析专家。道开发出一种使他的公司变得家喻户晓的指数：道-琼斯平均指数。根据道的观点，你通过观察单个股票，无法了解股市是强是弱。因为在任何一天里，由于各种各样原因，有些股票可能升，有些股票可能降，有些可能持平。但如果你选取一些有代表性的股票，确定它们的平均价格，就能观测出更有意义的市场趋势。从此，每天各新闻媒体都报道四种道-琼斯平均指数：工业，交通运输，公交事业以及综合指数。

1899年，爱德华·琼斯离开道-琼斯合伙公司，加入一个中介公司。三年以后，查尔斯·道把他的公司卖给了波士顿新闻社和费城新闻社的所有者克拉伦斯·巴伦。至今，巴伦的后代仍然是道-琼斯合伙公司的控股人。查尔斯·道的事业，直到他在1902年以51岁辞世时，是相当成功的。人们评价说，他是几十年金融市场历史上最受尊敬的人。但道本人从来都不同意这种说法。

西尔斯公司（Sears,Roebuck and Co.）：神奇推销术

在 19 世纪末期，农民和商人之间互不信任的鸿沟日益加深。农民对零售商抬高物价十分痛恨，把他们看作欺行霸市、好吃懒做的恶棍。

具有讽刺意味的是，在这缺乏信任的年代，一个名叫理查德·西尔斯的年轻人，以他过人的鬼精灵和天方夜谭似的商品宣传赢得了农民的信赖。

刚一接触，你很难相信会有人信赖这样一个推销商，他的广告就像嘉年华会狂欢节上的小贩写的。你如果再看看他那记得一团糟的账目、他一点儿货都没有但却大张旗鼓地宣传各种商品征订目录，就更无法想象他怎么可能成功。然而，这个农村电报代理员，靠着他独出心裁的推销伎俩和出类拔萃的市场悟性，从一个穷光蛋变成了世界最大的邮购公司的老板。他的

公司扩展为具有非凡影响的商业巨头，以至他可以自豪地声称自己的公司是“美国来买东西的商店”。

理查德·西尔斯 1863 年生于美国明尼苏达州斯图尔特维尔。他经商的广泛兴趣来自于他的父亲。老西尔斯是个磨坊工人，当过制造马车的木匠，靠做生意赚了 5 万美元。他把这笔钱全部拿去做风险很大的农场投机生意，结果亏得一分钱也没剩。父亲被这次打击压垮，没过几年就死了，留下只有十六七岁的理查德，成了家里的主要劳动力。

西尔斯在学校学的是电报专业，并在明尼亚波利斯到圣路易斯铁路线上的圣保罗市找到一份工作。他以这份工作为基地，开展了一系列活动。他积极走动，当上了明尼苏达州北雷德伍德的车站代理。这个年轻人从不放弃任何增加收入的机会，他感到每周 5 美元的薪金实在太少了。他在业余时间推销他能搞到的任何东西，他销售煤炭、木材和其他能以折扣运费发运的商品。

1886 年夏天，西尔斯遇到了一件将改变他的生活道路和邮购业行规的事情。芝加哥一个珠宝商发运给当地珠宝店一批怀表，但当地商人断然否认曾经订购过这批怀表，拒绝接收。正当他们争吵得一塌糊涂的时候，西尔斯答应接收这笔货物。西尔斯以每只 12 美元的价格买下这批怀表，然后拍电报给铁路沿线的代理人，问他们是否愿意推销。他以每只 14 美元的价格把表卖给沿线的代理人，这些代理人又把怀表以每只 16

美元或更高的价格卖出。

钱赚得这么容易，西尔斯决心再干下去。他又订购了更多的怀表，结果和第一次一样，很顺利就卖出去了。在他卖出第一批怀表后的6个月里，他的推销收入远高于当车站代理。于是，他带着赚到的5000美元，到明尼亚波利斯去寻找更大的市场。

西尔斯钟表公司在一间租来的办公室里开张了，里面的全部家具是一张餐桌和一把椅子。在继续向铁路沿线的各种关系推销的同时，西尔斯在报纸上打广告，吸引全国各地的顾客。他的生意仍然十分红火，不到一年，他的公司搬到了更大的商业中心芝加哥。

西尔斯认为，如果他购买钟表零件自己装配成品出售，能够赚更多的钱。他在报纸上刊登广告招聘钟表制造工，一个名叫阿尔瓦·罗巴克的印第安那人报名应聘。西尔斯立即聘用了他。两人合作得很好，罗巴克提供劳力和技术，西尔斯负责销售。

西尔斯的产品销路通畅，到1889年，他已经挣到足够多的钱确保他退休后的生活。他卖掉公司，搬到衣阿华州乡下，用出售公司得到的6万美元购买了农场。但刚刚29岁年富力强的西尔斯，无法长期安于慵懒的退休生活，才过了一个月，他就渴望着再回商场拼搏。

不幸的是，他在出售公司时，签署了一个避免竞争协议，规定他在三年之内，不得使用自己的姓来经商。回到明尼亚波利斯以后，西尔斯创办了一家邮购公司，用他的教名给这个新企业取名为沃伦公司。后来，他劝说罗巴克收购了这家公司。罗巴克把公司更名为罗巴克公司，把公司的一半权益转让给西尔斯，并让西尔斯当总裁。这对伙伴又把公司搬回芝加哥，三年后，当协议限制解除后，这个公司重组为西尔斯-罗巴克合伙公司。

西尔斯每周工作 84 小时，开始向邮购业不容置疑的领导者蒙哥马利·沃德挑战。最后，他在年销售额上超过了蒙哥马利·沃德。因为从小在中西部农村长大，西尔斯深知农民对大城市商人不信任。为了消除他们的疑虑，他大力宣传他那具有革命性的“不付款先发货”政策。西尔斯的顾主在收到订购的货物之前，不必预付货款或订金，而且在收到订货后还有机会加以检验。此外，他的商品价格还低于其竞争对手，他以多进快销、薄利多销来赚取利润。

他花了大量时间把他公司提供的全部商品编入销售目录。由于他位处中西部铁路枢纽芝加哥，所以有机会购进大量商品。他的目录在 1895 年已经增加到 500 多页，里面所有空间都写满了介绍文字，这些文字全部是理查德·西尔斯亲自撰写的。他的这些目录全都免费散发，他为广告宣传费尽了心机。

他的广告不仅毫无羞耻地虚夸，而且常常假话连篇。1895 年，他宣称他的公司是全国最大的服装供应商并接下了大笔套装订单，其实在他库房里根本没有任何套装！对于注重行动的西尔斯来说，先拿下订单就是一切，然后再说如何把订单兑现。但这可害苦了他的供应部门，他们必须随时解决大批订单不断涌进和库房里面根本无货的矛盾。紧接下来的是一片混乱，顾客订单要求的各种尺码、颜色和面料搅成了一团。

西尔斯的这一策略导致一再推迟供货，公司的声誉开始下降。阿尔瓦·罗巴克再也受不了这样的压力，在 1895 年把自己那部分公司权益卖给了西尔斯。西尔斯在经营方面的缺点，由于 1896 年新合伙人朱利叶斯·罗森瓦尔德加盟而得到弥补。在西尔斯继续编辑目录和撰写广告的同时，罗森瓦尔德接过了公司的管理工作。西尔斯和罗森瓦尔德共同努力，使公司的年销售额从 1896 年的 100 万美元增加到 1900 年的 1000 万美元。

当罗森瓦尔德在公司的影响力逐步增加之后，他开始反对西尔斯一些出格的想法。1908 年，西尔斯提出，再搞一次大规模的宣传运动。为改变公司销售下降的趋势，他希望让那可能成为西尔斯顾客的人们提供其姓名和地址，以便加大推销的力度。罗森瓦尔德反对这一建议，他说，现在公司要做的是削减开支，而不是增加开支。当董事会开会采纳了罗森瓦尔德的意见并拒绝了西尔斯的计划以后，西尔斯提出辞职。西尔斯又一次退休了，不过他这一次退休，已经比他卖出第一只怀表时，增加了 4000 万美元的私人财富。

1925 年，西尔斯—罗巴克合伙公司把其经营重心从邮购业务转向开办商店。四年之内，他们就在美国开办了320家西尔斯连锁店。后来，西尔斯—罗巴克合伙公司发展成为美国十大公司之一，可惜西尔斯在1915年才50岁就去世了，没能看到这一天。

赫尔希（Hershey）：建在巧克力上的城市

亨利·赫尔希相信自己能够发财，做梦也想着发财。他是个书呆子，但总是在寻找赚钱的新路子。不幸的是，尽管他乐观，但却从未成功。他从未挣到足够的钱来供养自己的妻子芳妮和儿子米尔顿。

所以，后来当米尔顿的几个企业垮台的时候，家里人开始担心他太像他的父亲，他可能会一辈子欠债。然而，米尔顿·赫尔希用自己的行动证明他们错了。就在家人纷纷批评老赫尔希的时候，米尔顿·赫尔希却认真接受并执行了父亲的教导："要想赚大钱，必须做大事。"

米尔顿·赫尔希 1857 年生于美国宾夕法尼亚州德利汤希普。米尔顿的父亲总是坚信巨大的成功并不遥远，他推行过一个又一个不现实的创业计划，一个也没成功。因为父亲老是在试各种赚钱的行当，老是在不停地搬家，米尔顿没有一个稳定的学习环境。到了14岁，米尔顿还达不到小学4年级的水平，于是他从学校退学当了学徒。他先是在兰开斯特附近一个小城的德文报社当印刷学徒。但他笨手笨脚，而且不喜欢这个工作，最后因为把一个螺丝帽掉进印刷机里被解雇了。

他妈妈帮他又找了一个工作，在兰开斯特一家糖果和冰淇淋作坊当学徒。米尔顿·赫尔希觉得这个工作蛮有趣，于是打算以后自己就干这一行。在花了4年时间学习这门手艺之后，于1876年在费城开了一家自己的糖果店。费城此时因为大批游客赶来庆祝独立宣言100周年而热闹非凡，赫尔希来得正是时候。他用从姑妈那里借来的钱，租了一栋房子，开始生产一分钱一颗的糖果。

尽管顾客纷至沓来，足以保证他的企业运转，但并没给他带来期望中的富有。干了6年，赫尔希对这种小打小闹辛辛苦苦挣钱感到厌倦，便把企业卖了，钱差不多全都用来还了债。

赫尔希来到他父亲居住的丹佛，在一家糖果厂找了份工作。没过多久，他又和父亲一块做起生意，到芝加哥制造和销售糖果。但很快就关门大吉。

他们带着老赫尔希的新咳嗽药方来到纽约，希望在推销咳嗽药的同时，推销他们的糖果。这次生意看起来蛮红火，但赫尔希还是在1886年两手空空回到家里。

然而，这一阵四处奔波也不算是白跑。在丹佛，赫尔希发现了制造好糖果的关键在于要有新鲜牛奶。而在兰开斯特周围的奶牛区，有的是新鲜牛奶。赫尔希不停地试制糖果，直到研究出一种美味的牛奶硬糖配方。米尔顿·赫尔希这个糖果迷，带着配方又杀回糖果业。一个从英国来的进口商，碰巧尝到赫尔希的牛奶硬糖。他对这种糖果的味道印象很好，马上订购了一大批，要运到英国销售。当赫尔希接到这一大笔订单时，高兴得差点晕了过去。

这是赫尔希万万不敢丢掉的机会。他急匆匆地赶到银行，要求借钱添置设备。银行知道他已往一次又一次的失败，所以一家接一家地拒绝了他的贷款要求。直到最后，才有一家银行答应借钱给他。拿到了银行的钱，赫尔希的兰开斯特糖果公司开张了，并从此一发而不可收拾。到 1894 年，米尔顿·赫尔希已经成为兰开斯特最有名望的人物之一。就在赫尔希的牛奶硬糖生意蓬勃发展的时候，他又对另一种糖果产生了兴趣。他 1893 年在芝加哥举办的哥伦布博览会上第一次尝到巧克力糖，对那味道印象极深，立即订购了生产巧克力的设备。当哥伦布博览会闭幕时，他订购的设备已经运到了兰开斯特。

最初，他只是打算在他的厂里增加一条巧克力的生产线而已。他在某些畅销的牛奶硬糖外面裹上一层巧克力，但他越想这事越是坚信最后广大顾客买得更多的将是他的巧克力，而不是牛奶硬糖。

他开发出用糖、液体巧克力、牛奶和可可豆的混合物制造糖果的方法，并确信一定会成功。1900 年，赫尔希以 100 万美元的价格，把他整个牛奶硬糖产业卖给了他的竞争对手。从 1903 年起，他开始在牛奶产区的中心兴建一座新工厂。他把厂址选在他的出生地德利汤希普。

他在工厂周围建起了一座城，包括银行、学校、教堂、公园、高尔夫球场和一座动物园。他还为那些希望就近居住的工人修建了他们能够买得起的住房。当时许多工人无力将自己的子女抚养成人，于是赫尔希和他的妻子凯瑟琳在 1909 年为那些无人抚养的孩子建起了赫尔希工业学校。后来这个学校更名为米尔顿·赫尔希学校，不仅收养男童，而且收养女童。到 1989 年，这个学校已经发展到能收养 1250 名孤儿。

许多人认为，赫尔希要在穷乡僻壤建立偌大产业，准是疯了。但毕竟是赫尔希对了。大家是那样喜欢巧克力，他的大型工厂生产多少就能卖掉多少。5 分钱一块的赫尔希牛奶巧克力销量迅速增长，到 1911 年，销售量已经超过 500 万美元大关。

赫尔希的公司取得巨大成功，以至很快没有哪个人不是一提到赫尔希，就想到巧克力。赫尔希的巧克力糖品种也逐年增加。1983 年，赫尔希食品公司的年销售额达到了 17 亿美元。

米尔顿·赫尔希，这个当年一文不名的父亲拉扯大的一文不名的儿子，已经是难以置信的富有。然而，他从未忘记早年那些艰难困苦。他在 1945 年去世前，把他的巨额财产，包括在他公司的大部分权益，捐给了他创建的孤儿院。

彭尼百货公司（J.C.Penney）：金法则的回报

有篇报道说，詹姆斯·彭尼在同别人吃饭时，眼睛一直看着饭桌上的盐瓶子。如果客人还没尝一下食物就拿起盐瓶加盐，他决不同这个人做生意。如果客人是他打算招聘的人，那么他就不会用这个人。彭尼不信任不先了解情况就下结论的人。

不管这个故事是真是假，但反映了彭尼的个性。他是个坚持原则的人，从不会放弃他的立场。无论是在艰难困苦的环境，还是后来拥有了巨大的财富，都没有什么能把他从他的金法则上动摇一步。“你想要别人如何对你，你就要先如何对别人。”正是这个金法则，让他这个穷孩子建起了自己的商业王国。

詹姆斯·彭尼 1875 年生于美国密苏里州距哈密尔顿不远的

一个农庄里。他的生活准则是由他的父亲、一位牧师深深地烙在他心上的。老彭尼是个不领薪金的牧师，靠种一小块地来养活他那有12个孩子的家庭。钱总也不够用。在彭尼8岁的时候，想买一双鞋，但家里没有钱。父亲告诉他，从此以后，你要自己挣钱购买所需的衣物。

为了挣钱，彭尼要为他父亲做零工。当他第一次拿到父亲付给他的3.5美元工钱时，用1美元买了一双鞋。他本想再用其余的钱买些衣服，但他一盘算，如果买一只小猪养大，就可以挣到更多的钱。因为买了小猪，他再没钱买喂猪的饲料，所以他同邻居商量好，他们给他剩饭剩菜喂猪，他帮他们清洗垃圾桶。他就这样把猪养肥了，卖掉后赚了一笔钱。

彭尼想，既然一次成功，就能再次成功，于是又买了更多的小猪。但是邻居们抱怨彭尼那养满了小猪的院子太臭太吵，老彭尼下令终止了这项产业。因为他认为，为了彭尼赚钱，而让邻居受罪，太不公道。

彭尼1893年高中毕业后，先在农场干了两个月，然后到当地一家杂货店当店员，每个月挣2.27美元。后来，他因为身体不好，不得不从湿热的密苏里搬到科罗拉多州丹佛居住。在那里，他在一家百货公司又当了店员。当他发现店主销售某些商品时，要价很不公道，便愤然辞职离去。他用自己存的300美元在朗芒特买了一家肉店兼面包房。

没过多久，彭尼的生活准则受到了严峻的考验。彭尼最大的买主是城里的一家大旅馆。这家旅馆的大厨要求给一些回扣，作为他从彭尼那里进货的条件。彭尼要做的不过是每周给那大厨一瓶波旁威士忌，而大厨则关照彭尼，保证从彭尼的店里进货。彭尼也曾经犹豫过，给了大厨威士忌，但他马上为自己的所作所为感到羞耻。彭尼表示不再给波旁威士忌以后，旅馆的进货就停止了，彭尼的肉店也就垮台了。

这时，他开始为在维斯特开杂货店的卡拉汉和约翰森工作。彭尼在约翰森手下工作一年之后，他给老板们的印象很深，以致他们邀他入伙，开办一家新杂货店。入伙的条件是投资 2000 美元，远远超出了彭尼手中的积蓄。彭尼向别人借了所需的资金。于是，他和妻子贝尔塔带着出生不久的儿子，在 1902 年动身去怀俄明州西南方的千人小镇克莫勒。他们的生活条件一点也不舒适，他们就住在新商店楼顶的阁楼里。

克莫勒不是彭尼开创自己零售生意的理想之地。有两个商人在他之前到那里办过服装店，但都失败了。彭尼的商店很小，而且远离城里的商业区。他不顾这里条件恶劣，就从克莫勒小店开始，建起了自己的王国。

彭尼曾回想起当年其他商人和银行家都嘲笑他把自己的商店取名为“金法则”商店。他们无法相信，彭尼用这种原则经商，能在尔虞我诈的世界里活出来。但彭尼决心用自己的行动证明，一个商人能够同时做到公平交易，发财致富。

他仔细研究小镇居民的需要，并确保他们购进的商品是高质量的。彭尼在他的每一件商品上面明确标价，而不是像当时其他商人那样，根据不同顾客要不同的价格，尽可能卖出最高的价钱。他把一件商品标为 9.99 元，而不是标为 10 元，他发明的这种商品标价法已经成为现在常用的方法。他特别强调对每一个顾客提供和蔼周到的个人服务。他知人善聘的能力和培训雇员的课程，使小镇居民在他的商店购物成为一次愉快的经历，完全不同于在其他商店里的那种感受。

彭尼的商店一开张，就证明那些冷嘲热讽者错了。第一天，商店的营业额就高达 466 美元，尽管每根吊裤带的标价是 5 美分，一条裙子才卖 29 美分。在整个一年里，金法则商店的货物都很畅销。事情的发展越来越证明，彭尼的路走对了，这时他开始考虑把金法则商店逐步扩大成连锁店。他的办法是先在别人拥有的一家商店投资，然后同这家店的主人再合开一家新店。他对合伙办店思考得比较多，他相信能干的商店经理都乐意有机会享有商店的一部分权益，就像他在克莫勒时那样。

1907 年，约翰森和卡拉汉把他们与彭尼共有的三家商店的权益都卖给了彭尼，这样，彭尼就可以完全按照自己的意愿放手大干了。他选择了一些最勤恳的店员，答应让他们做他新开商店的合伙人，条件同五年前约翰森和卡拉汉给他的相类似。结果在几年之内，金法则商店就从怀俄明州开到了犹他州和爱达荷州。

1909年，彭尼把日常管理工作交给经过了良好训练的合伙人，自己来到犹他州盐湖城，协调收购和筹款工作，以建立完整的连锁店系统。在那以后的两年时间里，又有另外16家金法则商店开张。彭尼开始花越来越多的时间到东海岸出差，为各商店选择和购进商品。

采取放弃主要市场、专门在小城镇开办小商店的乡镇包围城市策略，到1913年，彭尼拥有了由36家商店组成的连锁店。同一年，彭尼对连锁店进行了资产重组，并更名为彭尼公司（J.C.Penny）。第二年，彭尼把公司总部搬到纽约，那里采购商品、运送货物都更方便。

彭尼公司的第一家“大城市”商店于1917年在盐湖城建成，此时，公司已经拥有175家商店。同一年，彭尼在42岁时成为公司的董事长，开始把他的时间主要用于招聘和培训新的雇员。

彭尼公司继续高速发展。到1927年庆祝公司成立25周年的时候，公司已经拥有892家商店，年销售额超过了1.5亿美元。彭尼预言，在公司庆祝50周年诞辰的时候，年销售额将超过10亿美元。1951年，在彭尼建起他的第一家商店之后第49年，公司实现了这一目标。

彭尼出身十分贫困，但到1929年，他已经积聚了大约4000万美元的财富。在后来的大萧条中，他差不多失去了一切，但他很快又重整旗鼓。多年来，他坚持到各个商店，以谦恭而亲切的态度，亲自为顾客服务。他始终认为，这是一个销售人员不可推卸的职责。

彭尼漫长的一生在 1971 年终止，享年 95 岁。到这时，他已经看到按照他的金法则建立的连锁店布满了全国大大小小的城市和乡镇。

马里奥特（Marriott）：放羊娃的可乐摊

马里奥特公司之所以发展特别迅速，是因为它的创始人维拉德·马里奥特初出茅庐时为自己确定了三个目标。马里奥特确定的目标是：第一，为他的顾客提供友好的服务；第二，以公道的价格供应高质量的食品；第三，尽可能勤奋工作（不分白天和夜晚）以赚取利润。这些准则帮助一个穷苦的牧羊人建起了可乐摊，并把它发展成为一个庞大的商业王国。

维拉德·马里奥特 1900 年生于美国犹他州奥格登附近一个小定居点。从名字一看，就能想到他出身于名门望族，其实，他家居住的小镇的名字就叫马里奥特。1851 年，他的爷爷随着一大群摩门教徒迁徙到犹他州盐湖城。四年以后，他家向北搬迁了几英里，建立了自己的定居点，就用他爷爷的名字把这地名叫作马里奥特。

马里奥特的父母有一个甜菜园，还养了几千只羊。尽管家里的收益不错，但生活对于马里奥特从来都不轻松。几千只羊一放出去就是满山遍野，必须仔细看管，因为常常会有野兽想偷偷把羊叼走。刚刚8岁，马里奥特就上山同其他牧羊人一起过夜，照看羊群。他这个放羊娃必须同严酷的天气、同随时可能出现的响尾蛇和狗熊斗智斗勇。

马里奥特很小就被委以重任。14岁时，父亲派他把3000只羊用货运列车送到旧金山出售。第二年，他把1000只羊送到更远的内布拉斯卡州奥马哈。

同当时所有的男性摩门教徒一样，马里奥特到了19岁就去当传教士。他到新英格兰各州旅行布道，劝说人们信奉摩门教。等到他两年后回到犹他州，羊的价格已经从每只14美元暴跌至每只3美元。他的父亲为了把牧场办下去借了太多的债。

看到父亲借了一屁股债，一辈子也还不清，马里奥特决心另走一条路，不想再重蹈覆辙。他想，上大学读书一定能帮他从农场脱身。为了挣钱读书，也为了养家，他和一个朋友去为一家纺织厂推销毛衣。他们干了整整一个夏天，从一个伐木场跑到另一个伐木场。最后，他们每人挣到了3000美元佣金。马里奥特进了设在犹他州奥格登的维伯州立大学学习两年。从维伯大学毕业后，他又到盐湖城的犹他大学学习了两年。

因为当传教士中断了他的学习，又在农场工作了一年，马里奥特从犹他大学毕业时，已经26岁了。他到维伯州立大学工作了一年，但他很快就决定去闯荡商场。

他在大学读书时有一件有趣的发现，就是由艾林和赖特配制的树根可乐。这种新型树根可乐闷热的夏季里在盐湖城地区特别受欢迎，拥有专营权的那些人显然赚到了大把大把的钱。马里奥特想，只要他找到合适的地点，一定自己开一个树根可乐摊。

他想起在他结束传教士的工作后，曾在华盛顿特区观察街头那些小贩。在闷热的夏天，他们手里的饮料卖得可真快，他们不停地离开摊点，去添加饮料。树根可乐摊在那里肯定成功。

1927年春天，马里奥特带着自己攒的1500美元和向犹他州银行借的另外1500美元，到华盛顿特区去了。他当时已经订婚，等未婚妻艾莉·席茨7月从大学毕业就要结婚了。所以说他在把艾莉带到华盛顿来之前，还有两个月时间来准备自己的买卖。他和另一个也是从犹他州来的休·卡尔顿建立了合伙关系。卡尔顿白天在政府工作，晚上到法学院学习。他们商定由马里奥特经营树根可乐摊，卡尔顿投资3000美元，拥有部分权益。

他们租用了一家面包房的一部分，建起了自己的小店，离闹市区有一英里远。他们在靠橱窗不远的柜台上，安装了一个巨大的旋转的橘黄色树根可乐桶，以招徕过往的行人。他们还在街头散发免费品尝树根可乐的招待券。

因为当年夏天特别闷热，所以马里奥特的可乐摊马上就红火起来，他、艾莉和卡尔顿忙极了，就在那个夏天他们在华盛顿又开了第二个树根可乐摊。但到初秋天气一凉下来，树根可乐销售马上降了下来。马里奥特试图找到在冬天也能赚钱的路子。他不是设法让人们在冷天也买树根可乐，而是要根据季节的变化满足人们的需要。如果夏天冷饮让人们感到舒适的话，冬天人们应该渴望热食。他决定供应像烤肉卷饼、炸玉米片、烧烤三明治和热狗等美国南方和墨西哥的辣味热食品。问题是无论是他还是艾莉都不知道怎么做他们想供应的烤肉卷饼和炸玉米片。

马里奥特从友好的墨西哥驻美国大使馆厨师那里借了一些菜谱，立即开始了紧急行动。当树根可乐摊的一天营业结束后，他、艾莉和卡尔顿彻夜工作，把可乐摊变成餐馆。到晨曦初露时，巨大的可乐桶已经拆下来了，门面已经重新油漆过，炉灶已经安装好了。没耽搁一天生意，一个家庭式餐馆——马里奥特热食店，已经准备好开张营业。

马里奥特说过，如果一个人每周只工作 40 小时，他在商场上任何地方都站不住脚。事实上，他自己从来都是按照传教时他所宣传的那样做的。在第一年里，他每天都是早早起床，准备 8 点钟热食店开门，直到半夜，他还在收拾打扫。在艾莉为顾客烹调的时候，他还要忙着招呼客人。

勤奋的工作得到了报偿。热食店非常受欢迎，以至马里奥特第二年就有钱把卡尔顿在店内的那部分权益买了回来。在那之后的5年里，全国各行各业都经受了大萧条的严重影响，但马里奥特赚到了100万美元。到1932年，他在华盛顿有5家热食店同时营业，他的事业已远非当年艰苦的创业阶段，但他还是照样拼命干。到1934年，这位拼命三郎的工作时间不得不大大缩短，因为医生诊断他患了淋巴癌。医生告诉马里奥特，还能活6个月到1年。可是6个月过去了，医生看不出马里奥特有患病的迹象，便同意他再返工作岗位。

马里奥特始终睁大眼睛，寻找满足顾客需求的新机会。一天，一个热食店经理告诉马里奥特，有些来吃饭的顾客带着食物去附近的胡佛费尔德机场上飞机。当时的航空公司不为乘客供应机上食品，但马里奥特想，航空公司可能希望在飞行过程中为乘客供餐。就在第二天，马里奥特找到东方航空公司，提出为该公司飞离华盛顿的航班供应食品。他拿到了这个合同，并由此开创了航空食品业。

在第二次世界大战期间，马里奥特发现许多政府雇员和工厂工人没有地方吃饭。于是，他在工厂、医院和大学等各种地方建起了自助餐馆。

最后，马里奥特向上百家航空公司供应食品，他的自助餐馆也开了2000多家。

1957年，在马里奥特开设树根可乐摊差不多30年以后，他开始进军后来最让他出名的旅馆业。那一年，他在华盛顿建起了马里奥特双桥汽车旅馆。又是30年过去，全世界已经有500家马里奥特经营的旅馆。马里奥特为顾客提供舒适的经营原则，现已成为商界极有价值的准则。而注重细节，又是保证顾客满意的重要途径。

当年，马里奥特的第一个树根可乐摊只能坐9个顾客。但就是这个昔日放羊娃开办的可乐摊，今天已经发展成为在全美国和世界几十个国家经营的大公司。

惠普公司（HP）：车库里飞出的硅谷

惠普公司的董事长戴维·帕卡德看了一下手表。他在上午8点整安排了一个重要会议，但现在已经快8点半了，会议室的椅子还是空空的。盯着悄悄溜进会议室几个迟到的员工，帕卡德怒斥道："下一个进来的，就不要在惠普公司上班了。"然而紧张的空气马上松弛下来，因为下一个进来的是帕卡德的合伙人比尔·休利特。休利特不要在他创办的公司上班了，这成了大家的玩笑话。

虽然在高科技前沿领域竞争非常激烈，但惠普公司有个善待员工的好传统。公司一直充满浓厚的家庭气氛，这可能是因为公司的资深员工都记得，休利特和帕卡德是在车库里开始他们的创业历程的。

威廉·休利特1913年生于美国密西根州安那波。在他很小的时候，他的家搬到加利福尼亚帕罗尔托，他的父亲在斯坦福大学医学系担任教职。中学毕业后，休利特也进入斯坦福大学读书，在那里他认识了在科罗拉多州皮尤波罗出生的戴维·帕卡德。两人都在1934年拿到学士学位，然后各自到不同学校的电子工程系攻读硕士学位。

虽然各奔前程，但他们一直保持密切的联系。没过几年，他俩就开始商量一起开创家业了。20世纪30年代末期，他们在帕卡德租用住房后面的车库里安装了简单的机具，在里面敲敲打打，一干就是很长时间。

有一段时间，他们的发明并不顺利。他们的第一批三项发明：自动冲水便池、保龄球场用违规监测器和减肥震动器因为不实用，全都无法售出。

经过这些失败之后，他们把更多的时间用于开发一种能够测量声波强度的装置——声波振荡器。开始时，休利特和帕卡德的这种声波振荡器同样找不到买主。后来，他们的一个朋友大胆设想这种装置可以用来为电影预备录音声道。他同自己在迪斯尼电影制片厂的一个朋友谈了这种可能性。

没想到，那位迪斯尼的工程师对这种装置非常重视。于是，休利特和帕卡德在帕卡德的车库里，以不到500美元的生产经费，用简陋的手工工具，顶着巨大的压力，为迪斯尼生产了8台声波振荡器。

这正是他们所需要的突破。他们的200B型（之所以叫这个名字是因为它响亮大气）声波振荡器大批投产，使他们的生意很快从车库里走了出来。休利特和帕卡德搬到附近的一座大楼里办公，并聘用了他们的第一批雇员。又过了几年，他们才开始安排其他雇员做卫生、记账、管理库房，而在这之前，这些杂活都是他们自己干。

随着对电子测量仪器需求的增加，休利特—帕卡德公司也随着扩大了，并被大家简称为 HP，也就是惠普公司。由于他们采取了创造性的管理方法（如他们是第一批实行医疗保险和弹性工作时间的公司），所以能够聘到并留住最优秀的人才。惠普公司是使用半导体的先驱，而半导体绝大多数是用硅制造的。HP 的飞速发展，吸引了整个半导体和计算机产业在 HP 总部附近扎根建厂。这个地区就被新闻媒介称之为“硅谷”。

到了 20 世纪 60 年代，惠普公司的测量系统产生信息太快，研究人员无法跟上它的速度。这导致 HP 在 1966 年推出它的第一台计算机。

1968 年，这家公司开发出具有革命性的 HP9100 计算器。跟以前的型号不同，这种计算器小到可以拿在手里操作。当休利特看到它时，他首先祝贺研究人员的成功，接着他向他们提出更具挑战性的要求，制造出能放进他口袋里的更小的计算器。研究人员接受他的任务是那么认真，他们甚至用尺量了他的口袋。结果在 1972 年研制出 HP35 计算器。随着计算器尺寸的缩小，惠普公司的工程师还把每台的价格从 HP9100 的

4900 美元降到 HP35 的 395 美元。

比尔·休利特和戴维·帕卡德继续合作到休利特在 1987 年退休。到这时，他们 500 美元的投资已经变为年销售额超过 70 亿美元的大公司。

苹果计算机公司（Apple Computer）：新产业的种子

不久以前，计算机还是一堆庞大的机器。在 20 世纪 40 年代，计算机大到一台就得装满一间大屋子。很难把那布满各种开关和真空电子管的令人头晕目眩的迷宫要塞同今天可以放在一个人手心里的计算机联系起来。更难想象那些幼儿园的孩子有一天能够在识字以前就玩计算机。

直到 20 世纪 70 年代，只有科学家和技术人员才能使用计算机。有两个穿牛仔裤的大学辍学生，一心要制造可以在教室和家庭使用的计算机。被这个伟大梦想所吸引，他们在车库里开办了一个小公司，为崭新的计算机产业播下了种子。

开发个人计算机的这个人，是电子业的奇才——史蒂芬·沃兹尼克。在 20 世纪 60 年代早期，当沃兹尼克十几岁时，由于晶体管的发明，代替了计算机内的真空电子管和转换器，计算机的体积已经比原来缩小了。对于沃兹尼克，计算机远不只是一个业余爱好，而是个需要探索的新世界。他探索计算机的热情如此之高，13 岁时，他已经在设计计算机了。在一次学校的科学博览会上，他自己设计安装的计算器荣获第一。

还在低年级读书时，他就从大学退学，到休利特—帕卡德公司工作。他用自己的实干证明，他是一个设计高手，他所设计的集成电路和装置制成的电子零件，不仅体积小，还比原来具有更高的效能。

要造出体积小，但速度更快、存储能力更强的计算机，这种想法多少年来深深地吸引着沃兹尼克。新的中央处理器——一种叫做微处理器的计算机“大脑”，使制造这种计算机成为可能。沃兹尼克在他的业余时间已经设计了一个小计算机，只比打字机大一点儿。但这只是一次愉快的尝试而已，无论沃兹尼克还是休利特—帕卡德公司，都没有想到它会有什么市场前景。但沃兹尼克的朋友史蒂夫·乔布斯却看到了它在计算机爱好者中间的巨大市场。

乔布斯和沃兹尼克是在读高中时通过共同的朋友介绍认识的，当时乔布斯是那个学校的低年级学生。在高中时，乔布斯对电子学十分热衷，毕业后做过研制电子游戏的工作，但其实他对做计算机内部的设计工作并无兴趣。

乔布斯还是个小孩时，他的养父母从旧金山地区搬到加州洛萨托斯。乔布斯是个不合群的人，从来没有哪个地方他真的喜欢。他进过俄勒冈州的里德学院，但只读了一个学期就退学了。有段时间他住进一个群居公社，试过各种素食。不知怎么的，他又迷上了东方哲学，而且很奇怪地由此把他引进了电子游戏的王国。他想攒笔钱到印度旅行，所以他回到加州，以他的方式在阿泰里公司工作。在那里，因为他的电子学知识有限，加上个性太差，所以不受欢迎。由于和同事相处不好，只有晚上到公司工作。

1974 年夏天，乔布斯要求他的头儿派他到德国做一个项目。在德国做完工作后，他便去印度旅行。到印度没多久，乔布斯就感染了疥疮和痢疾，而且对印度文化的幻想也完全破灭。回到美国后乔布斯继续随波逐流，在阿泰里公司三天打鱼两天晒网。他一直保持着同沃兹尼克的友谊，所以有机会观察沃兹尼克开发计算机。乔布斯重新燃起对电子学的热情，是在 1976 年沃兹尼克让他看自己组装的计算机主板的时候。

当沃兹尼克满足于对他自己制作的计算机敲敲打打、修修补补的时候，乔布斯却看到了沃兹尼克的微型计算机能为世界做些什么。沃兹尼克想象得出这些机器能为普通人做多少工作，节约多少时间。乔布斯断定微型计算机能用于文字处理、教育、商业和家庭财务，于是他建议，他和乔布斯建立一个公司来生产和销售这些小计算机。

虽然乔布斯的技术能力不强，但他给他们的合作关系带来了强烈的真诚的自信。1976 年 4 月愚人节，乔布斯和沃兹尼克创建了苹果计算机公司，向计算机爱好者推销自己装配个人电脑的计算机主板。他们把它叫作苹果I型。乔布斯卖掉了自己的旅行车，沃兹尼克卖掉了计算器，凑了1350美元作为生产主板的投资。他们在郊区乔布斯父母住房的车库里开始生产50块主板，这是乔布斯已经谈好卖给一家计算机商店的。乔布斯很快发现，如果出售整机，他们能赚更多的钱。

乔布斯把整个公司内部的设计工作交给沃兹尼克，但他对计算机应该能做什么、该是什么样子，都提出总体建议。因为乔布斯认识到计算机是要卖给那些以前没用过计算机的人，所以计算机应该是比较简单的、“对用户友好的”。它还应该轻、漂亮、耐用，而且价钱叫人承受得起。

1977年1月，乔布斯和沃兹尼克又吸收了第三个合伙人——麦克·马库拉加入公司。马库拉向公司做了大量投资，而且帮助两个创始人确定了推销策略。公司从车库搬进一座大楼办公。3个月后，他们的新型计算机苹果Ⅱ研制成功。乔布斯紧接着开始了大规模的宣传推广工作。因为当时所有的大计算机公司都羞于开发微型计算机，这就给了乔布斯发展市场的广阔空间。他的计划之一就是通过向学校系统销售和捐赠计算机来占领年轻人的市场。

苹果Ⅱ型计算机马上流行开来，销售一飞冲天。在赢得巨大销售利润的同时，苹果公司还赢得了具有轻松和谐公司氛围的响亮声誉。与其他大公司上班穿西装打领带的规矩不同，苹果公司的老总经常穿着蓝色牛仔裤上班，有时他们甚至光着脚参加公司的大会。许多最优秀的专家，在其他计算机公司为沉闷的氛围所压抑，纷纷到苹果公司来应聘。

苹果公司是如此成功，到 1981 年，26 岁的史蒂夫·乔布斯已经成为商界的传奇人物。这时，苹果公司已经赚了几亿美元。

1984 年 1 月，苹果计算机公司推出马辛图什（Macintosh）计算机，使它在制造个人电脑方面的声誉进一步提高。马辛图什是计算机产业的一次革命，因为它是第一台可以由任何人操作的计算机，而不论这个人是否具有计算机知识。复杂的命令编码被可以控制显示器屏幕上小箭头的手动鼠标代替了。把箭头指向屏幕上的某个词并按一下鼠标按键，计算机就展现一个命令菜单，让你从中选择一个叫计算机执行。

乔布斯和沃兹尼克都在 20 世纪 80 年代中期离开了苹果公司。沃兹尼克从三十多岁就开始了半退休生活。乔布斯在公司的权力斗争中三落三起，后来又回到苹果计算机公司，并成为这个公司的主宰人物。

乔布斯和沃兹尼克从一个小车库里创建的公司已经赚了几十亿美元，这个公司还发起了一场革命，使计算机成为千百万小企业和家庭的重要工具。

格雷厄姆饼干（Graham Cracker）：牧师与面包师之战

19 世纪初，西尔威斯特·格雷厄姆神父关于饮食的观点不是被人嘲笑就是被人冷落。而今天，他对于加工食品的批评以及他对健康饮食的信念已经被许多人接受。他提倡简单、清洁、素食主义的生活方式。如果是在今天，他可以成为一个深受欢迎的演说家、作家。但不幸的是，格雷厄姆生活在一个错误的年代。

尽管有人把他视为能激励人心的领袖，但大多数人都觉得他是一个傻瓜。著名的哲学家拉尔夫·爱默生嘲笑他是一个“麦麸面包和南瓜诗人”，美国东北部的面包师们给他取的名字更是难听。尽管格雷厄姆的信徒也在离他而去、他的学说遭人嘲讽，但他的一种产品却奇迹般地畅销起来。差点儿引起面包师们骚动的格雷厄姆饼干成为了流行的食品，即使在那些讨厌

“健康食品“的人中间也是如此。

西尔威斯特·格雷厄姆 1794 年出生于美国康涅狄格州的西萨费尔德。西尔威斯特出生的时候，他的父亲、著名的牧师和医生约翰·格雷厄姆已经 74 岁了，而他在小格雷厄姆 2 岁的时就去世了。有着 16 个哥哥姐姐的家庭家道中落，少年时代的西尔威斯特过着清贫的生活。

他对于饮食和生活方式的强烈兴趣与他自身的疾病有一定关系。他得过肺结核。虽然治好了，但从此他的身体就比较孱弱。西尔威斯特于是经常寻求养身之道。他从不进行科学研究，他的那些观点都是从他的观察中得到的。他注意观察那些身体好和身体不好的，然后再试着探索身体好的人是怎样生活的。

不久，他在新泽西当了一名牧师，并开列出一系列“应该”和“不应该”。其中的大多数准则都与饮食习惯有关。格雷厄姆神父相信大多数疾病都是由于吃肉、喝酒和食用加工面粉引起的。他认为如果人们只喝白水，只吃蔬菜（特别是绿色蔬菜）、新鲜水果和全麦面包的话身体会更健康。

他建议，睡觉的时候打开窗户（即使在最冷的冬夜），洗凉水澡，用硬床垫，穿宽松的衣服，多进行锻炼，远离香烟。格雷厄姆还认为，在吃饭的时候有欢声笑语会帮助消化，有利于健康。

格雷厄姆神父在吸引听众方面有着非凡的天赋。由于这个原因以及他对酒精的强烈反对态度，宾夕法尼亚禁酒协会在1830年和他签了约，与他合作。他开始在新英格兰（美国东北部地区）进行游历，抨击酒精和烟草的罪恶。渐渐地，他也开始把自己的其他理论加进演说。

格雷厄姆火热的语言在一些城镇中吸引了大批的信徒。当他在1832年出版一本书来阐述他的观点时，他已经很有些名气了。遵从他严格饮食理论的人被称为格雷厄姆派。他的一些最坚定的信徒甚至以小团体的方式居住在一起。其中最著名的小团体在波士顿附近的布鲁克农场。在那里格雷厄姆赢得了霍拉斯·格雷利这样的皈依者，这个人后来成为著名的编辑和总统候选人。

其他的格雷厄姆派则在自己的家中信奉他的教义。到19世纪30年代中期的时候，在新英格兰出现了不少的格雷厄姆寄宿房，寄宿的房客们按照标准的格雷厄姆菜谱进食。在波士顿和纽约的一些旅馆里甚至提供专门的格雷厄姆伙食——只有沙拉、蔬菜、全麦面包和水果。

不过大多数的人还是认为格雷厄姆的思想是荒唐的。报刊的社论对他大肆抨击。而最恼火的人莫过于面包师了。

面包师们做了很多被这位神父所反对的“不健康”加工食品。为了避开这些食品，格雷厄姆发明了自己的秘方——使用全麦面粉。他用这种秘方于1829年制成了一种嚼起来很脆的饼干。这种饼干很快便在格雷厄姆派信徒中流行起来了。

面包师们本来对格雷厄姆的鼓吹不屑一顾。但 1837 年他出版了《面包及其制作》，劝说格雷厄姆派信徒们停止购买“商业性”的面包，而是自己动手做面包。对面包师来说，他已不再只是个怪人，而是个相当危险的人物了。一个牧师居然也来抢面包师的饭碗了！于是他们对格雷厄姆和他的全麦食品宣战。

那年，一大群面包师冲击了格雷厄姆在波士顿阿摩利大厅的课堂。现场闹得一塌糊涂，双方的人都给扔出了屋子。格雷厄姆只好把课堂换在另一家旅馆。面包师们得知后又向那里冲过去，守在旅馆二楼的人就向他们倒石灰，终于把他们挡住了。

一次次的骚动让大家都很不愉快，面包师们决定采取另外一种不同的办法。他们不再全盘否定格雷厄姆的观点，而是开始照办。他们也开始做格雷厄姆面包和格雷厄姆饼干，并以格雷厄姆的名义销售。格雷厄姆饼干受到了广泛的欢迎。

格雷厄姆饼干日益畅销，名气越来越大，格雷厄姆本人却刚好相反。19 世纪 30 年代后期起他渐渐默默无闻。尽管他努力探索健康的奥秘，他却不是他自己观点的一个良好证明。身体多病的他依然多病，57 岁就离开人间到上帝那里去继续探索养生之道了。

尽管格雷厄姆的一些信徒对他们的领袖失去了信心，格雷厄姆饼干却逐渐成为了畅销全美的食品。如今，在埋没了一个世纪之后，格雷厄姆的饮食理论又开始放射光芒，在美国流行起来。与此同时，格雷厄姆饼干却走向了另外一条路：曾被面包师们唾骂的这种饼干现在用格雷厄姆所反对使用的加工面粉大规模生产出来。

波顿炼乳（Borden）：哭是没有的

大多数人，尤其是发明家，在他们的生活中都会遇到一些受挫折的时候；而盖尔·波顿的一生几乎都是在挫折中度过的。但像这样有着许多先进思想又如此频繁地在公众面前遭到挫折的人恐怕是太少了。波顿在他的墓碑上写着：“我屡战屡败，屡败屡战，终于成功。”当他若干计划中的一项终于得以实现时，波顿已经五十多岁了。

盖尔·波顿 1801 年生于纽约州的一个农场。他只受过一年半的正式教育，但他富于实践经验。在农场里生活了 14 年之后，他随父母迁往了肯塔基，然后又搬到当时还没有开发的印第安纳。之后他和哥哥一起顺密西西比河而下，加入了前往得克萨斯定居的人流之中。他到哪里都学习知识，并学以致用，使自己成为农民、牛仔、测量员、教师、编辑和房地产推销商。在他早期的许多成果中包括得克萨斯的第一张地形图。

发明创造大概是波顿唯一不成功的事业了。但不幸的是，这也是他最喜欢干的一项工作。像他这种人，头脑里时常会产生一些新鲜而稀奇的想法。他的许多念头都被认为是怪得不能再怪的，周围的人都对他冷嘲热讽。

他曾发明了一种水陆两用的车子，有 4 个轮子，还有帆和舵，没想到却差点给他惹来大麻烦。在试验的时候，请来的乘客差点在墨西哥湾里给淹死了。他只好放弃了这种车。而另外一个使用蒸汽船进行远洋航行的尝试一直都没有成功。1844 年他的妻子死于黄热病，这促使他制定了一个计划，想让全镇的人在夏天的时候全都住进一个巨大的冷冻大楼里以避免传染病的流行。但可想而知的是没有一个人接受他非常善意的邀请。

后来他听说许多人吃了腐烂的食品得病，便又开始做食品方面的实验。为了能研制出一种经久不坏营养又好的食品，波顿先把肉煮干，再对肉汁进行过滤，去掉其中的水分之后和面粉一起做成饼干。这样不仅营养很丰富，而且保存期也长。

看样子这次波顿终于发明出点儿有用的东西了。1850 年，他的饼干引起了美国军方的兴趣，一批勘探人员也进行了订购。但这种肉饼干有个很大的问题：大多数人觉得它太难吃了！最后，饼干生意也垮掉了，波顿再次赔了本。

这时的波顿已是身形憔悴，人看起来比实际年龄老多了，但他还是执著地不肯放弃给他带来厄运的嗜好——发明。尽管在饼干之灾中他几乎丧失了所有的财产，他又开始了研制炼乳的工作。

波顿是在一次从伦敦坐海船回美国的路上开始对牛奶感兴趣的。海上的颠簸使船上的奶牛受到影响而产不出奶，小孩子挨饿的啼哭声让波顿感到很难过，而且还有婴儿喝不干净的牛奶得了病。

于是波顿很想找出一种方法使牛奶能够长期保持新鲜卫生。在对肉饼干的研究中他知道如果去掉了水分，食品的保存期就可以长一些。波顿在纽约一个朋友的实验室里开始了研究工作。他先想用煮沸的办法把牛奶中的水分去掉，这样倒是提取出来了浓缩物，但味道实在太难闻。

这时的波顿已经穷得不能养家糊口，只好把家人送到亲戚那里去住。当他去看他们的时候他偶然遇到了基督教震教徒的宗教团体。思维敏锐的他注意到那个团体的教徒用不透气的真空锅来煮水果和枫糖汁，结果它们在比露天中低得多的温度就煮沸了！真是山穷水尽疑无路，柳暗花明又一村。如获至宝的波顿马上借用了这个办法和一口真空锅，回去就开始烧牛奶。

到 1853 年，波顿终于制造出了味道好又经久不坏的产品，并—且申请了专利。然而就在距成功仅几步之遥的时候，波顿又遇到了新的障碍——美国专利局拒绝了他的申请，说已经有其他人发明了制造炼乳的方法，波顿只是抄袭而已，专利局还说他的方法是不实用的。

在饱受挫折的三年之后，波顿的两个朋友对他的炼乳加工工艺进行了深入研究，然后把研究结果交到了专利局。他们的研究成果证明，波顿的方法是独特的。于是到 1856 年 8 月 29 日波顿才获得专利。

可是长期挫折的考验还没有结束。他在经商方面的可怜记录以及他那身破破烂烂的打扮引不起投资者多大的兴趣。波顿只好向一个有钱的朋友借钱。但钱还是不够，在康涅狄格州开了一家公司才几个月，这位已经 55 岁的发明家又只好把它关了。农场主们对他没有任何信心，拒绝了他用信贷方式购买牛奶的请求。

屡战屡败的波顿还是不甘心，他又在 1857 年建立了纽约炼乳公司。他又遇到了一大堆的财务问题：不过在一次乘火车的时候他遇到了一位叫杰勒梅·密尔贝克的纽约银行家。这次意外的相遇使他的命运从此有了转机。密尔贝克不但向他提供了一大笔贷款，还通过纽约的一家报纸宣传波顿产品的优良品质。

波顿的产品从此开始畅销了。1859 年他的销售额达到了 4.8 万美元。两年之后，美国军队为其在内战前线打仗的部队订购了大批炼乳。盖尔·波顿，这位一生之中大多数时间都在冷嘲热讽以及贫困和厄运打击下度过的发明家，终于在最后时刻赢得了自己的辉煌。1899 年，纽约炼乳公司改以他的名字命名，这时他已经去世二十多年了。而这个时候，美国各家大商场的柜台上都找得到以他的名字命名的产品。

《读者文摘》(Reader's Digest)：文摘的胜利

出版商们经常抱怨收到大量的愚蠢建议——有些人自认为他们的主意会给这些老板指点出新的财路，而其实都是些非常幼稚的东西。20世纪20年代初，在美国东海岸的许多出版商看来，一个名叫德威·华莱士的年轻人向他们大肆鼓吹的一个想法同样也是荒唐可笑的。当时杂志的习惯都是刊载原汁原味的文章和故事，而华莱士居然认为他可以通过转载经过节选的其他杂志上的文章来赚大钱。

华莱士的建议被扔进了出版商的字纸篓。但华莱士仍然坚信自己的主意是个好主意。他开始独自出版一种文摘月刊，上面的文章都来自于其他的杂志。到华莱士去世的时候，他的《读者文摘》已经成为有史以来最畅销的期刊了。

德威·华莱士1889年出生于美国明尼苏达州的圣保罗。他的父亲是一个牧师，同时还是一所学院的院长。而华莱士却是一个天生的生意人。当他还是个孩子的时候他试着做过不少的生意了，还赚了一些钱。

不过小华莱士还是以学业为重，考上了加利福尼亚大学。但当 1912 年华莱士回到圣保罗开始在韦氏出版社工作后，他的商业天分又开始显露出来了。他在韦氏出版社的工作是销售农业方面的小册子。华莱士注意到，由于联邦和州的免费出版物多如牛毛，农场主们经常给弄得晕头转向。他意识到没有哪个农场主能有时间把这些东西都看完。一个将这些信息重新进行整理的念头产生了。他把所有的小册子筛选了一遍，自己编成了一本 124 页的手册，在手册的最后还列有一份书单，并对书单上面的书做了内容摘要。

华莱士把他的手册卖给书商，再由他们转到农场客户手中。他由此发现了一个巨大的市场——10 万本手册一销而空！这次成功鼓励他考虑把这种方法运用到其他地方去。他想，商人们可能会对商业性文章的提要感兴趣。而且现在的生活节奏日益加快，普通读者们也可能会对从大量的文章中精选出来的文摘感兴趣。

这些有意思的想法因为美国宣布参加第一次世界大战而中断了。华莱士也应征入伍。在法国战场上他受了重伤，被送进医院治疗。枯燥乏味的医院生活反倒使他有了充裕时间来看杂志并继续做他的文摘梦。他认为，大多数的文章在经过适当删节后还能保持其原有的风味。于是他便开始动手对读过的文章进行节选。

战后他返回了圣保罗，然后就在公共图书馆外面安营扎寨住了下来。他把图书馆的老杂志几乎翻了个遍，以找出那些即使在 10 年之后仍有阅读价值的文章，因为只有这样才能引起长久的兴趣。

到了 1920 年 1 月，华莱士已经找到了 31 篇最有趣味的文章并进行了节选，然后他开始奔走于美国的东部沿海地区寻求出版商。他提出，如果谁愿意出版他的文章的话，他就担任这份杂志的编辑。

一个刚进入出版界又没有经验的新手居然敢这样说，简直是胆大包天！结果没有一个出版商正眼看他一下。就算他有经验，他关于文章可以进行节选的想法也让珍视质量的出版商嗤之以鼻。他们管这种文摘叫作“剪刀浆糊牌文章”。他们认为，一份既没有短篇小说又没有图片的杂志是不可能吸引读者的。而刊载短篇小说和图片正是当时“主流”杂志的特色。

当时，华莱士一边在西屋电气公司的宣传部上班，一边在等待有人给他提供机会来实现他的梦想。后来他失业了，这使他认识到，如果只是坐等奇迹出现的话，那梦想是无法变成现实的。

1921 年的秋天，他和在加拿大出生的莉娜·艾奇逊结了婚。他们是 10 年前在华盛顿州认识的。夫妻俩向潜在可能的客户寄出了几千本小册子来宣传他们的杂志，之后就度蜜月去了。当两个人返回家中的时候，收到了 1500 封回信，表示愿意支付每年 3 美元的订购费。

德威·华莱士向亲戚借了 5000 美元，然后在 1922 年 2 月出版了他的第一本《读者文摘》。这些最早期的文章和今天《读者文摘》上的文章风格依然很相似。其中包括了对人类未来的预测以及有关毒气最新发展情况的信息。

华莱士夫妇在纽约格林威治村一个连窗户都没有的地下室里开创他们的事业。他们全身心地投入了进去。由于订不起最好的杂志，他们便把大量的时间花在了纽约公共图书馆里。当他们找到一篇可以用的文章时，他们就在取得出版商同意的情况下进行复制和节选。

到 1922 年年底的时候，这本不同寻常的小开本杂志已经争取到了相当多的读者，这样华莱士夫妇就可以搬到好一些的地方去住了。他们选择了他们结婚的地方，纽约州的普利珍特维尔，住进了一间租来的库房里。

德威·华莱士对什么文章能引起大多数读者的兴趣有自己的窍门，这又让专家们大跌眼镜。到了 1929 年，《读者文摘》已经拥有二十多万订户了。1933 年，华莱士开始为使用文章付费。几年之后，他又开始直接约定原始文章。到了 1955 年，他们才打破了一项长期的传统，开始同意在《读者文摘》上刊登广告。

当1973年德威·华莱士退休的时候，《读者文摘》已经开始用几种文字发行海外版，每月大约有1亿订户！而这个惊人成功的到来正逢电视几乎把美国国内所有非专业性杂志扫荡干净的时候，没有哪一种发行量大的非专业性杂志和《读者文摘》一起继续生存下来。

博兹艾冷冻食品(Birdseye)：冷冻食品受冷遇

在美国深受欢迎的冷冻食品名称“博兹艾”并非是哪家广告公司的创造，而就是速冻技术的发明者克劳伦斯·博兹艾的名字。

出色的产品和生动的名字（“博兹艾”的意思为“鸟眼”）应该让博兹艾在初出茅庐做生意时就占有优势。但实际的情况却不是这样。市场这位裁判并不是以博兹艾自身的优点来给他打分数的。在博兹艾之前的早期冷冻包装食品已经使大多数消费者倒够了胃口。等到博兹艾登场的时候，冷冻食品公司的花言巧语已经让人们上了一次又一次的当，从而对冷冻食品没了兴趣。博兹艾的公司陷于困境，而只有通过另外一家更大的公司来发动广告攻势劝人们试试冷冻食品。

克劳伦斯·博兹艾 1886 年出生于美国马萨诸塞州哥罗切斯

特一个有文化的家庭里，他的祖父是一个发明家，父亲则是纽约高等法院的法官。

在很小的时候，博兹艾就表现出了刻苦精神和对大自然的爱好。他捕捉老鼠和青蛙再卖给学校的实验室，通过这种办法他筹得了大学的学费。大学毕业之后，他继续从事关于动物的研究工作。他用了差不多10年的时间几乎走遍了北美最荒凉的地方。他在美国西南酷热的沙漠中花上几个月的时间捕捉动物之后，他又会到加拿大严寒的拉布拉多去捕捉银狐。

博兹艾在一生之中换过许多种职业，但都和动物以及野外活动有关。当他37岁时，他琢磨着是不是应该运用他周游各地以及当野生动物学家、皮毛商、渔政检察官时所获得的经验，来从事一种别的什么不同的职业，而且还要更有赚头。在这些经验中，对他来说最富有潜在商业价值的是在拉布拉多的探险中取得的。

那是他快30岁时候的事了。当时他和另外一些勇士向可怕的冬季风暴和将近零下50度的低温发起了挑战。由于在接近北极的极地几乎找不到别的食物，他们只有吃从海里打起来的鱼。博兹艾注意到，当地的爱斯基摩向导把鱼直接放在冰冷的露天里进行速冻。在见惯了其他冷冻食品的糟糕办法之后，这次博兹艾意外地有了惊喜的发现。在经过几周甚至几个月之后，冷冻过的鱼都还保持着鲜味。不像其他经过商业性处理的冻肉那样会变软，这种冻鱼吃起来富含水分，营养很好。后来博兹艾还观察到鹅肉和驯鹿肉也是在同样刺骨的严寒中被快速冷冻的。

博兹艾于是便向科学家们进行咨询，这种极度低温的特殊条件是否对改善冷冻食品的质量起了作用。他们的回答是有可能。在一般冷冻的情况下，肉的内部组织在冷冻过程结束之前就被冰晶给破坏掉了。而在拉布拉多的那种特殊条件下，鱼在冰晶发挥破坏作用之前就完全冷冻了。营养学家也发表了令博兹艾鼓舞的看法：速冻可以保留住在常规冷冻方法中丧失的营养成分。

博兹艾决定让爱斯基摩人的专利在美国开花结果。但可惜的是在1923年，能够便宜地模拟北极环境的技术还没有诞生。于是博兹艾只有自己来做。在经受了一年多的失败之后，博兹艾终于有了进展，能在0℃以下将鱼迅速冷冻了。这样用他的方法就可以制造出比当时市面上任何一种冷冻食品都要好的东西。

在对多种食品进行了试验之后，博兹艾有了充分信心来销售速冻的蔬菜水果和肉制品。在费尽唇舌获得银行贷款后，他于1924年成立了通用海鲜公司。公司设在纽约市，这是为了利用这个大都市的大市场。可要适应都市生活也挺不容易的。他每天得在公司和城外80英里的农场之间往返4个小时。

博兹艾对其产品的超级品质会带来巨大成功深信不疑。他的公司开足马力生产了大批的冷冻食品。1926年他发明了一种 40 英尺长、20 吨重的速冻机。用这种机器进行生产，到 1928 年冬季之前他可以冷冻 150 万磅的食品！

但时间一天一天地过去了，博兹艾却发现他这 150 万磅东西依旧原封不冻地躺在库房里。这是因为，消费者们在过去已经听够了太多的关于冷冻食品的承诺，比如和新鲜食品一样好吃等等，而事实上却是屡倒胃口。对许多尝试过冷冻食品后大呼上当的人来说，博兹艾对其产品的宣传来得太晚了。没有什么证据能让这些人重新来试一试。而大多数杂货铺不愿意购买昂贵的冷冻设备，可这正是保存博兹艾冷冻食品所必需的。有些杂货铺也买了，但很快就感到后悔了，因为大家对这些冷冻食品连看都不看一眼。

博兹艾认识到，要改变人们的观念，就必须付出长时间不懈的努力，发动大规模的广告宣传战，而这笔钱是他出不起的。由于在设备上投资过大，他的公司一步一步走向破产。他每天的长途往返也让他难以管理这种艰难的生意。他最终在 1929 年以 2200 万美元的价格把公司卖给了波士顿公司。波士顿公司很快又更名为通用食品公司，同时把它的冷冻食品部门以博兹艾的名字命名，而此时的博兹艾则为该公司进行研究工作。

和博兹艾自己创立的公司不同，通用食品公司经受得起若干年的牺牲来改变冷冻食品的不佳形象。它在马萨诸塞州的斯普林菲尔德免费为 18 家杂货铺安装了专用的冷藏箱，并开始了为期 40 周的样品宣传运动。为了确保食品的质量，通用食品公司的工程师们设计出了第一台高级冷冻车以运送冷冻食品。

尽管付出了这样昂贵的代价，公众对于冷冻食品根深蒂固的不信任态度还是没有太大的改变。在到 1937 年为止长达 6 年的时间里，通用食品公司在冷冻食品方面每年都是亏损。即使从 1937 年开始，也只能说是微利而已。是第二次世界大战的爆发改变了这种局面。

当时美国政府经过计算发现，2000 万磅的罐装蔬菜要消耗掉 2600 吨宝贵的钢，而钢在战争中的重要作用是不言而喻的。于是美国政府转而同意订购大批量的冷冻食品。到战争结束的时候，人们已经开始逐渐习惯于冷冻食品的味道了。随着冷冻食品的恶劣形象最终被人们淡忘，它开始在杂货铺的柜台上占据大量的空间。博兹艾于 1956 年去世。此后的几十年里，“克劳伦斯·博兹艾”的名字依旧出现在许多深受欢迎的冷冻食品的商标上。

“大富豪”桌上游戏(Monopoly):最不像游戏的游戏

如果查理斯·达罗收到的是一封标准格式的非亲笔拒绝信的话，会比他从帕派克兄弟游戏公司得到答复时好受一点。对于他出售游戏的建议，帕克兄弟公司很有礼貌地亲笔回了信，但这是一个糟透了的答复。信上开列了许多理由说明达罗的游戏永远也卖不出去。在该公司看来，他的桌上房地产游戏可以说是像任何东西，可惟独就不像一个游戏。

不过就在帕克兄弟公司作出上述决定之后没有多久，就不得不自食其言。但如果它没有这样做的话，今天就不会再有人听说过这家著名公司了，更不会知道它的许多游戏曾风行全美国。

出生于美国宾夕法尼亚州杰门镇的查里斯·达罗，是19世纪30年代大萧条的典型牺牲品。在经济灾难来临的时候，他还很快乐地为一家加热设备公司干着代理商的工作。到了1930年，他失业了。然后便是一段漫长而饱受挫折的日子。他到处找工作，糊口都很艰难，他和怀孕的妻子以及年纪还小的孩子挤在一间破屋子里。他得跟其他同样是四十多岁的一家之主争夺诸如修理草坪或是清扫路面积雪之类的零工来干。

突然之间陷入贫困使他的想法发生了变化。他不再寻求一份稳定的工作，而是要找出一条迅速致富的道路。在这种想法的鼓舞下，达罗开始了他的发明之路。可他绞尽脑汁发明出来的东西，比如用于桥牌比赛的简化计分牌，没有引起任何人的兴趣。

根据后来广为流传的说法，这时的达罗突然在梦中梦到了让他发财的那个游戏——“大富豪”。达罗申请了专利，但事实上并不是他发明了游戏，确切地说是他发现了这个游戏。

“大富豪”游戏的前身是一个名叫伊丽莎白·麦琪的妇女在1904年发明的。她称之为“地主”的这个游戏允许玩家“购买”房地产和道具，还有“进监狱”之类的花样。

麦琪在美国东部沿海地区卖出了一些游戏盘，但并不太成功。1924年，她对游戏做了修改，增加了一张“大富豪”卡，然后向帕克兄弟公司进行推销。帕克兄弟公司没有看上这个游戏。尽管这个游戏在商业上不成功，但宾夕法尼亚等州的大学生们却喜欢它。然后这个游戏逐渐进入人们的家里，玩的人越来越多，对游戏进行的改进也越来越多。到了20年代中期的时候，大家都管这个游戏叫“大富豪”了。

那时，在哪个城市玩这个游戏，游戏里的街道名就从哪个城市的街道里选取。而现在的“大富豪”游戏图盘上的街道名来自新泽西州的大西洋城。这是由一个名叫鲁斯·霍斯金的玩家命名的，他住在大西洋城。

1933年的一个晚上，查里斯·达罗妻子的一个老同学带了一幅手绘的“大富豪”游戏盘到他家。达罗很快便被这个游戏给迷住了。他暗下决心，一定要造出自己的“大富豪”游戏。

达罗开始用一块漆布来精心制作自己的游戏盘。他给不同的行都涂上不同的颜色。不过他没有把大西洋城的街道名换掉。和同时代的大多数人一样，他把这座虚拟的城市设想成一个天堂。同时他也做了几项调整。比如原来图上的大西洋城有3条铁路分别通往巴尔的摩、雷丁和宾夕法尼亚。达罗想让他的游戏图盘四通八达，于是又增加了一条铁路，通往雪特莱——这是他借用一家公共汽车公司的名字。总之，达罗把他的游戏做得尽善尽美，以使它更好玩。

开始的时候达罗只是满足于把他的娱乐世界局限在自己和几个朋友之间。他花了整整一天的时间才做好一副游戏图盘。用这样的速度是没法迅速发财的。但朋友们玩过之后个个都说好，还要他为他们也都做一副。反正达罗有的是空闲时间，便答应了朋友们的请求。

他的朋友们于是又和他们自己另外的朋友玩，然后他们的朋友又再告诉别人。这样一传十，十传百，结果达罗自己没有花一分钱广告费，就差点儿被订单给埋住了。开始的时候他雇了一个印刷工人来帮他应付这种局面，但随着远在加利福尼亚的百货商店和客户也在向他订购“大富豪”，达罗认识到，他可能终于找到致富之路了。现在是他做出决定的时候了，他应该赌一赌成立自己的公司呢还是把游戏卖给其他的公司？

在玩游戏的时候进行冒险是刺激有趣的，在现实生活中进行冒险就是一件严肃得多的事了。思来想去，达罗还是没有选择成立新公司，而是与帕克兄弟公司进行接触。这家公司是乔治·帕克和他的兄弟查里斯·帕克在1883年创立的。乔治是在16岁的时候开办的这家公司，生产他自己发明的“银行”游戏。通过这个游戏的成功影响，帕克兄弟公司在游戏界赢得了良好的名誉。但即使这样帕克兄弟在大萧条面前也未能幸免。当达罗向帕克兄弟公司推销自己的产品时，公司的营业额已经低到快破产的地步了。

于是便出现了本文开始的那一幕。帕克兄弟公司在听取了达罗的介绍后认为，他的游戏正是公司不想要的。游戏专家们还洋洋洒洒地向达罗列举了多达52条“罪状”来说明他的游戏根本卖不出去！首先，游戏的目的不够简单明了，玩家不容易上手；其次，游戏的规则太多而且太复杂；再次，由于没有既定的目标，玩家只能在游戏图盘上一圈又一圈地转下去；最糟糕的是，在有人获胜之前，这个游戏得耗上几个小时、甚至可能几天的时间！

尽管遭到了这样的挫折，达罗没有灰心，因为他知道，有许多人对他的游戏是感兴趣的。专家们可以对他的游戏说三道四，但依然有人喜欢他的游戏，有人在买他的游戏。于是达罗下定决心，借钱也要雇人来进行生产。在制好了5000套游戏后，达罗开始专心进行推销工作。

但事情却没有他想象中的那么顺利。1934年初的时候，订单的数量开始下降，他没有能卖出预计中的那么多游戏。失败的阴影好像又来到了他的头上。但是玩过“大富豪”游戏的人到处都在热烈地谈论着它。因此到了年底的时候订单又开始雪片一样飞来。仅费城的一家商店一口气就订购了5000套！

帕克兄弟公司的一名高级主管也得知了达罗正在成功地拓展自己事业的消息。他终于认识到自己公司最初的决定实在是太过轻率了。现在帕克兄弟公司只有放下架子，在1935年向达罗购买了专利和有关权益，还有伊丽莎白·麦琪的那部分专利权。达罗要成为一名百万富翁的愿望终于实现了。于是他便早早地在宾夕法尼亚的一家农场里退休了。

以前被帕克兄弟公司嗤之以鼻的“大富豪”游戏，现在却成了把它从垮台边缘拉了回来的救命稻草。到1936年2月的日寸候，帕克兄弟公司便给来自全美各地的订单围得团团转了。很快游戏的产量便达到了每周2万套！曾被称为最不像游戏的这个游戏成了所有桌上游戏中最成功的王牌冠军。

施乐复印机（Xerox）：从零到施乐

生活在现代社会的我们有时简直像是陷身于纸的海洋。人们和社会对于信息的需求是如此之大，以至于无论是政府部门、还是企业，以及学校和家庭，还有大大小小的邮箱都差点儿被各种印好的纸片给埋住了。

把上面这些铺天盖地而来的东西印制出来的机器在许多办公室、邮局以及图书馆的角落都找得到。由施乐率先推出的复印机每天几乎都在不间断地使用着，吞吐着数以万计的文件和图表。真是难以想像如果办公室里没有了它们会怎么办。

可是在五十年前，专家们却并不相信这种机器能有什么实际用途。在当时的美国没有一家大型的办公用品公司对复印机有兴趣。只有一家小得快倒闭的公司和一家非赢利性的私人研究机构决定赌一赌这种新技术，因为反正它们也没什么可以再失去了。

切斯特·卡尔森 1906 年出生于美国西海岸华盛顿州的西雅图，后来他是在加利福尼亚州的圣贝尔纳蒂诺长大的。他的父亲有着严重的关节炎，而且也遗传给了他，母亲又因肺病而长期卧床不起。作为家里惟一的孩子，切斯特 14 岁时就必须在放学以后去打工，帮助赚钱养家了。

正是在打工的时候，卡尔森第一次接触到了日后改变他生活道路的研究领域。一次他给当地一个印刷商干活，当印刷商准备把一盒旧铅字处理掉的时候，卡尔森问印刷商，能不能把这盒旧铅字当作他的一部分工钱，印刷商答应了。

卡尔森对化学很感兴趣，他想用这些旧铅字来印刷一本自己的杂志，刊登业余化学爱好者的文章。这份杂志他总共只印了两期，而且后来他自己也承认，这份杂志办得很一般。但通过这次经历，他对印刷这一行的工艺流程有了了解，同时他也开始思考如何对流程进行改进。

但当时对卡尔森来说更有现实意义的问题是如何谋生，印刷还只能作为一种业余爱好。本来，凭着加利福尼亚工学院的物理学文凭找工作是没问题的。可不走运的是，他是在大萧条的时代里毕业出来的。他向全美八十多家公司发出了求职申请，结果只收到两封答复。于是他只得横穿全国到东海岸纽约的贝尔实验室去找份差事，而他刚到不久就被解雇了。

随着物理学之梦的破灭，现在他是能找到什么工作就干什么活儿了。最后他终于在一家专利代理事务所找到了一份工作。卡尔森干什么都好像容易上手，很快他就决定自己要当专利代理人。从少年时代就已经习惯于繁重工作的卡尔森白天在事务所里上班，晚上就去夜校学法律，有空就进行钻研。这样他获得了法学学位，可以坐下来安享一个收入高得多的职位。

但做专利这一行也有它自己的麻烦之处。作为一家大公司专利部门的经理，卡尔森最头痛的事就是处理文件。根据专利法的程序，对于每一份专利草案卡尔森手上都得有几份副本。而他的客户们几乎从来都没有给够过。虽然他也可以对每一张纸都进行照相复制，可是那样实在是太贵了。而没有办法的办法就是把所有的原件重新进行打印，所有的原图重新绘制。可想而知，这样做既费时费力又容易出错。

卡尔森又一次对复制印刷的新方法产生了浓厚的兴趣。而且这次他是非常认真地要找出一个答案。不少大公司也在致力于解决相同的问题，它们的注意力集中在如何改进传统的照相复制技术上，而卡尔森的出发点完全不同。他一晚接着一晚地泡在纽约公立图书馆里翻阅科技类杂志，认真研读他能找得到的每一篇与光电效应有关的文章。

在一位匈牙利科学家保罗·斯勒尼的指引下，卡尔森把自己的研究领域缩小到了晦涩难懂的电子照相学，并开始在自己的公寓里做实验。他的研究基于两个物理学原理：①正电荷与负电荷相互吸引；②某些物质在光线的作用下导电性会增强。

他想从这两个原理出发找出一条路来。

卡尔森意识到，现在他已经站在一项全新印刷技术诞生的门槛上了，而且幸运的是周围还没有竞争者。但他也认识到，以他目前的速度，他恐怕永远也不能完善自己的发明。如果还是这样只能在业余时间里用患有关节炎的手指在自制的仪器上做实验，那他就可能把这会改变他一生的大好机会白白放走了。于是他决定冒着风险用所有的积蓄租了纽约阿斯托里亚一家酒吧的二楼，在那里他建立起了自己的实验室，并请了奥托·科内来帮他做实验。奥托·科内是一个刚从德国逃出来的物理学家，当时正好失业。

1938 年 10 月 22 日，第一份电子照相的复印件诞生了。为了纪念此时此地，他在一张玻璃幻灯片上写下了“阿斯托里亚·1938 年 10 月 22 日”的字样。然后这张幻灯片放在一个涂有硫磺的金属盘里。硫磺这种物质在光线的照耀下会导电。同时这个金属盘带有正电荷，在强光的瞬间照射下，除了有字迹的部分之外，其余地方的正电荷都被反应掉了。然后把幻灯片拿开，再往盘里喷洒带有负电荷的粉末。这些负电荷就和金属盘上的正电荷粘在一起了——而这里正是有字的地方。当卡尔森把粉末吹开之后，金属盘上便出现了清晰的“阿斯托里亚·1938 年 10 月 22 日”的字样。虽然这还不是纸制品的复印，只是把玻璃幻灯片上的字印到了金属盘上，但这毕竟是一个不平凡的开端。

不久卡尔森便得到了开发这项新工艺的专利。但是他也发现，发明比起销售来说容易多了。从 1939 年起到 1944 年，卡尔森也不知敲过了多少他认为会对他的发明感兴趣公司的大门。可就是没有一家公司愿意购买他的专利，只有几家公司说可以考虑考虑。

卡尔森碰壁主要是因为这项新技术生不逢时。当时整个美国都卷入了第二次世界大战之中，很少有公司愿意把宝贵的时间和金钱花费在这种还没有经过证实而前途未卜的新技术上。同时卡尔森那副沉默寡言的模样也的确不适合于当推销员。

这位屡遭挫折的发明家自己也有好几次想承认，他的发明并不是像他所宣传的那样将开创一个新纪元。他盘算着是不是该认输了。幸好在他下这个决心之前，他向一位名叫拉塞尔·代顿的物理学家进行了咨询。他们俩是在卡尔森当专利代理人的时候结识的。这时的代顿正在为俄亥俄州哥伦比亚一家非赢利性研究机构工作。这家机构叫巴特勒研究所。代顿认为，研究所的下属公司巴特勒开发公司可能会对卡尔森的想法感兴趣。

经过代顿的接洽，研究所邀请卡尔森前去做现场演示。在观看了他的表演之后，研究所的管理人员和专家们觉得，倒是值得为这种新工艺赌一赌运气。他们还为这种新技术设想了其他更多的用途。终于，在卡尔森得到第一张电子成像“照片”6 年之后，巴特勒研究所于 1944 年 10 月和他签订了一份合同，开发应用这项新技术。根据这份合同，巴特勒研究所将在开发和研究方面给予财政上的支持；同时，一旦这项新技术实现产业化之后，研究所将获得专利使用费作为报偿。

巴特勒研究所的技术专家们开始积极地投身于这项新技术的开发应用之中。他们很快便熟悉了卡尔森技术的基本原理和工艺流程，同时他们也对这种还比较粗糙的发明进行了改进。在研究开发的过程中，这项工艺也换了个新名字，叫“静电复印技术”。

与此同时，远在纽约州罗切斯特的一家小公司正在破产的边缘上挣扎着。这家从 1906 年就开始生产相纸的哈罗德公司陷入了极大的困境，它的相纸市场份额正在一步步萎缩，如果哈罗德公司再拿不出什么新产品的话，那命中注定就只有关门大吉了。

就在哈罗德公司的管理层苦苦寻找新产品的时候，他们偶然从一本科技类杂志上看到了一篇介绍此时还默默无闻的切斯特·卡尔森及其发明的文章。经过一番调查研究过后，公司的管理层决定，把整个哈罗德公司的命运全都押在静电复印技术的前途上。哈罗德公司又与巴特勒研究所签订了一项协议，以继续对这项技术进行开发和改进。到 1949 年，哈罗德公司制造出了第一台施乐复印机。它证明了卡尔森的发明是有实际意义的，不过它也太简陋了一些，还无法推广使用。除了又慢又脏以外，这台机器也太复杂了些，用户恐怕还得请一个物理学家来开动它。

但哈罗德公司没有因此而放弃。在整个 20 世纪 50 年代，哈罗德公司花在改进复印机上面的资金比同期的全部赢利还要多！到了 1959 年，也就是整整 10 年之后，第一台办公用复印机经过测试准备投放市场。这么长时间的等待以及花费这么多的精力是值得的。经历了十多年风风雨雨方才问世的施乐复印机结果成为了最成功的市场神话之一。

对卡尔森来说，复印机在商业上的成功是把一个别人眼中异想天开的念头变成了活生生的现实，同时也给他带来了滚滚财运；对巴特勒研究所来说，从复印机产业化中赚来的钱使这家中型研究所跃升成为世界上主要的技术开发机构之一，其研究范围也扩展到了许多新的领域；而哈罗德公司呢？它的利润从 1959 年的 200 万美元急剧上升到了 1963 年的 2200 万美元，1961 年，公司更名为施乐公司以和产品的品牌一致。从此施乐逐步成为了全美最大的公司之一，连施乐的名字也成为了文件复印的代名词。

所有这一切的一切，都来自于一位发明家不懈的努力，还有两个不知名的机构把自己的前途押在一项根本没人要的技术上，决心赌一赌自己的运气。奋斗的过程虽曲折，但总结起来挺简单。

李尔喷气式飞机（Lear Jet）：可笑的念头

当1963年威廉·李尔宣布他准备生产一种造价便宜的小型喷气式商用客机时，航空专家们并没有就他是否会成功发生争论。他们所争论的仅仅是李尔的计划里哪一部分最荒谬可笑。在这一行干过的人都很清楚，像李尔设想的那种喷气式飞机是根本卖不出去的。就算有这么一架飞机确实是卖出去了，那也肯定没戏——因为按照李尔那种方法造出的飞机是根本飞不起来的。而就是这种观点几乎也不值一提，专家们都认为，基于李尔那种念头的喷气式飞机压根是造都造不出来的，因为它实在是太小了。

这并不是李尔第一次听到别人讥讽他的新主意不现实。不过在1963年，这种声音似乎特别的喧嚣。比尔·李尔不再说什么，只想制造出飞机来证明自己说过的话。结果飞机不但飞得好，卖得也好，甚至还在相当程度上改变了大公司做生意的方式。

威廉·李尔1902年出生于美国密苏里州的汉尼巴尔。父母离异之后，他随母亲迁到了芝加哥。他从小就喜欢一个人独来独往，梦想着成为一个发明家。不过一旦他想搞点儿什么东西出来的时候，就会因为没有足够的钱而只好在中途停下来。12岁的时候，他向自己发誓，一定要挣到足够的钱，让这种半途而废的事再也不会发生。

对李尔来说，上学的时候也可以用来挣钱。他经常逃课，然后在公路上骑着自行车到处乱逛，看路上有没有抛锚的车子。他可以轻而易举地为车主们解决发动机方面的问题，再向他们要些报酬。在他8年级的时候，他辍学去当了一名机械师挣钱。作为一名充满自信与精力的小伙子，他在16岁的时候离开了家，并虚报年龄参加了海军。也就是从那时起，他开始学到了无线电方面的知识。

李尔的青年时代就像是一部成功与失败相交错的戏剧。在20岁的时候，这位无线电奇才已经在伊利诺斯州的昆斯开办了自己的昆斯无线电实验室。到了32岁的时候，他已经在商场上打过好几次滚，既发过大财，又亏过血本，最后给弄得破产了。

这段时间，他的脑子里又产生了几个重要的想法，对整个广播事业产生了深远的影响。正是李尔的灵感导致了“陛下”

的问世——这种第一次大批量生产的家用收音机，很是流行。在汽车上安装收音机也是他的主意。有不少人对此表示反对，说收音机根本没法安装到汽车上去，就算安上去了，也会分散司机的注意力。但李尔没有在一片反对声中退缩，而是自己开发出了一台实用的产品来说明它的价值。不过由于缺乏资金，李尔只好把自己的计划卖给了高尔文制造公司。这家公司后来换了个更顺口的名字，叫摩托罗拉。

到了 20 世纪 30 年代初期，李尔又朝着另一个新方向进军了。这次他的目标与航空有关。他对飞机一直有着浓厚的兴趣，以至于曾经在芝加哥的一个机场里当了一段时间不要工钱的机械师。尽管他第一次当飞行员的尝试就以飞机失控、他自己从机舱里摔了出去而告终，但李尔仍然锲而不舍，还为自己购买了一架双翼飞机。

已经没有多少钱的李尔，在芝加哥的一个小型机场里开始白手起家研制机载收音机。这项事业看起来前景不错，于是他又把试验基地搬到了纽约。可就在 1934 年 4 月，也就是他搬家之后才 3 个月，他就不得不放弃了。因为就在这么短的时间里他已经把自己挣的钱花得一干二净。

可是对李尔来说，形势越糟糕，反而越能激发他进行的发明创造。他那永不停止思考的脑子又产生了新的灵感。这次是一种简便易用的无线电频率放大器。与同时代的其他放大器不一样的是，李尔的产品几乎可以适用于任何无线电设备。美国无线电公司出了一笔可观的钱向他购买这种放大器，李尔因此获得了宝贵的资金。1939 年，他又作出了一个大胆的决定，在密歇根州成立了李尔公司，专门生产航空设备。也就是在这一年，第二次世界大战爆发了。

和前面所提到的复印机发明者不同，美国卷入二战给李尔公司提供的是发展的机会。源源不断的军事订单让这家新公司忙得不可开交。当时它雇佣了 300 多名科学家和工程师，以及 1800 多名雇员。李尔公司的一系列成就里包括战斗机驾驶员使用的自动驾驶装置——这在当时称得上是革命性的新产品，还有从 50 年代起开始在人造卫星上使用的几种通讯设备。

一次李尔到欧洲去谈生意的时候，他的注意力又转向了一个新的问题。这次他听说瑞士人尝试着要制造小型的喷气式客机。尽管这种尝试以两架样机先后坠毁的结果而不得不匆匆收场，李尔还是对这种体积小、造价低、适合于高级商务主管们乘坐的客机产生了很大的兴趣。可是他没有想到自己公司的其他董事对此却不感兴趣。他们认为想制造这种飞机的主张纯粹是纸上谈兵，根本不现实。

但李尔并不是一个只会空谈某事行不行的人。经常在大家讨论问题拖时间太长的时候，他便会说：“少说话，多干点儿事吧！”一向都非常自信的他这次也要干点儿什么出来。

这时的李尔已经 60 岁了。60 岁对许多人来说已经是该退休的时候，而李尔却卖掉了在公司里的全部股份，前往瑞士开始研制他的小飞机。本来他的耐心也算不错了，可这回他也对研制过程中的拖拖沓沓冒火了。他愤而离开了瑞士，于1963年在堪萨斯州的维琪塔创立了李尔喷气式飞机公司。

李尔一把年纪了还这么风风火火地冒险让许多人想不通，觉得他是不是精神有问题。各家银行都拒绝向这个老头子提供贷款来支持他的“天方夜谭工程”。市场分析专家们向他指出，大公司的高级主管们喜欢乘坐的是豪华包机，而李尔所设想的那种飞机实在是太小家子气了。他们还说，就算李尔有本事能造出这么一架飞机来，也没人愿意买。现在整个商务客机的市场竞争非常激烈，而且已经饱和了，在未来7年里估计只有300架飞机的订单。这么小的市场恐怕都不值得他冲进去杀得头破血流。

面对一串串的冷嘲热讽，李尔依然用他那几十年一贯的热情与对抗性的态度来迎接挑战。他已经拿出了自己的800万美元来进行冒险，而一向胆大的他，又在主要部件刚进行完测试不久就建起了生产线准备开工。他每周工作7天，足迹踏遍了公司大小各个部门。每一次飞机试飞都是比尔·李尔亲自上机操作或是负责导航。他的要求非常严格，设计图纸上一丁点儿小毛病都得马上进行修改。工程师们正在为自己制造出了最轻的部件而松一口气的时候，李尔又走过来让他们接着动脑筋，再设法减轻重量。李尔有一次简直咆哮起来：“就算把我的亲奶奶给卖了，也要让飞机减一磅重量下来！”从此，员工们都把零部件的重量看得和“奶奶”一样重要。

李尔喷气式飞机公司在开工之后的 18 个月就得到了联邦航空管理局的飞机制造许可证。这件事震动了整个航空界——除了李尔自己以外。李尔的 8 座式喷气客机轻得可以以每小时 560 英里的速度飞行，这大大节省了宝贵的飞行时间。而更为重要的是，由于采用了标准化的设备并节省了原材料，这种客机的售价仅为 64 万美元，是其他商务客机价格的一半！

笑到最后的，才是笑得最好的。这时的李尔一边看着各家公司的代表排成长队前来下订单，一边招呼着下面的员工开足马力生产。李尔喷气式客机在投放市场的第一年销售额就达到了 5200 万美元。而现在的美国天空，正如李尔所曾经预言的那样，到处都是载着高级商务主管的轻型飞机前往各地去洽谈生意。

就和当初火车的诞生一样，李尔做成了一件所有人都并不看好的事，因为他相信自己能够做得到。正是这种坚定的信念，使一个人人都觉得荒唐可笑的念头变成了飞翔在蓝天之下的现实。

奥维尔·瑞得柏爆米花(Orville Redenbacher):昂贵的爆米花

在美国一家普通的公司里，有一个相貌普通的老头儿，他叫奥维尔·瑞得柏。他的面前成年累月地堆着一大堆爆米花。他可不是一个普通的爆米花爱好者，他是要开发出一种最棒的爆米花，粒粒都是个儿大子儿圆，而不像那些普通的爆米花一样经常都是没有爆好的。

几年之后这个叫瑞得柏的老头儿确实开发出了他理想中的这种爆米花，而且他相信，人们已经对爆得不好的爆米花生厌了。于是他开始兴冲冲地推销自己的独家产品。可他没想到的是，就是没人对他的超级爆米花感兴趣。农场主和农产品加工商们先看了一眼他的标价牌，然后便很有礼貌地向他说“拜拜”了。在他们看来，人们之所以买爆米花来吃是因为它好吃、而且便宜。如果谁有大笔的钱来买小吃，那他（她）肯定会买比爆米花更好的东西。向美食家们推销昂贵的爆米花还不如向他们推销牲口吃的燕麦哩。

到奥维尔·瑞得柏 63 岁的时候，他开始证明这种观点是错误的。

现在提起瑞得柏，许多美国人都会联想到一个非常熟悉的形象：一个来自中西部饱经风霜的乡下老头儿。这其实并不是媒体的有意包装，事实正是如此。

瑞得柏 1907 年出生在美国印第安纳州一个有几百亩地的农场里。作为家里最小的孩子，他自幼便开始帮家里干杂活。在冬季的寒夜里挤牛奶，夏日的酷暑下清洗猪圈。当地有一所只有一间屋子的学校，瑞得柏家里的其他几个孩子都没能读过八年级，只有奥维尔是个例外。他从小就把书本当成了好朋友，学习成绩相当优秀。结果他不但成为了家里的第一个高中毕业生，还获得了前往美国陆军军官学校——也就是到西点军校上学的提名。不过，军官的身份对他吸引力不大。瑞得柏谢绝了提名，而是上了一所离家比较近的学校，位于印第安纳州拉法夷特的普渡大学。

尽管在一所相当著名的大学里生活了 4 年，瑞得柏在骨子里依旧是个农场男孩。一次他曾花了整整一个假期的时间在一家养鸡场里打工挣钱以交学费。1928 年他以农学士的身份毕了业，专业是种植。

瑞得柏返回了家中的农场，他决定一边务农一边教书。开始，他在当地一所高中里讲授农业课程；后来他到县里当了一名农业官员。在很长的一段时间里，他和商界都还没什么来往。1940 年的时候，他被一些老板聘用了。这些老板买了好几个农场，星星点点地分散在印第安纳西南的一些地方。瑞得柏的任务就是把这几万亩地给管好。而这位农学士出色地完成了这个任务，让普林斯顿联合农场成为了全州最大的农场之一。

在组织管理这些农场的时候，他经常和查尔斯·波曼进行探讨。后者是普渡农业同学会种子改良协会的负责人。两人逐渐成为了好朋友，而且产生了共同开创一番事业的想法。1951 年两个校友开始行动了。他们在印第安纳的瓦尔帕莱索购买了一家小公司。这家公司是生产用于喂养牲畜的玉米种子的。

两个人真是天生的黄金搭档。瑞得柏负责制定出完备的方案，而波曼则把方案付诸实施。俩人开始发展其他相关的农业产品。比如豆子、蛇麻草、农用化学制品等等。他们最畅销的产品是液体化肥。在他们的产品名录上还有用于爆米花的玉米。

对于在印第安纳农场上长大的瑞得柏来说，爆米花是一种再熟悉不过的东西了。他父亲几乎每晚上都要吃爆米花，奥维尔也有相同的爱好。他在管理普林斯顿农场时做的一件事就是建立一个爆米花烘干工场。学种植业出身的瑞得柏自然而然想对爆米花的玉米种进行改良。1959 年他请了一位遗传学专家来帮他，要开发出一种超级产品。

到了 1965 年，公司的努力终于有了结果：一种比普通的爆米花好得多的产品诞生了。对瑞得柏这样的爆米花爱好者来说，很难想象有人在尝了他的特种爆米花后还会无动于衷。他的公司准备开始生产这种新的玉米种，叫“瑞波”牌。

但瑞得柏没想到的是，花了这么长的时间和这么多的钱开发出来的新产品并没有受到热烈欢迎。种玉米的农场主们不想购买这种新产品。因为即使他们买来种了出来，农产品加工商也不会买了去加工，零售商们更不会卖。问题的关键在于价格。没有人认为大家会花那么多的钱去买爆米花，不管它有多好吃。

在长达 4 年的时间里，瑞得柏的独家产品就是无人问津，即使有人看到招牌也不是皱眉就是摇头。1970 年对瑞得柏来说则是特别的一年。他已经 63 岁，年纪大了，身体也不好，看来多半只有放弃这么多年的心血了。他决定在放弃之前再做最后一次努力，看上帝的意思吧。他前往芝加哥向一家专业营销机构进行咨询。专家们建议他把“瑞波”的牌子换掉，而把他自己的模样印在商标上，就以他自己的名字“奥维尔·瑞得柏”作为爆米花的牌子。广告专家们认为他那副平凡朴实而饱经沧桑的面孔是一种诚实可信的象征，流露出一种旧时代的价值观念。因此可以在这上面做文章。

瑞得柏开始独自生产自己的爆米花，并开始逐渐获得了一些商店和公司的信任。其中有一家布鲁普莱食品公司，是食品行业巨人海威森食品公司在新奥尔良的分公司。布鲁普莱公司和瑞得柏签了一份合同，在美国南方销售他的产品。这份合同规定，瑞得柏自己担任产品促销的主角。和推销其他许多产品的那些光芒四射、简直酷呆了的大明星形成鲜明对比，这边站出了一个相貌普通的老实人奥维尔，结果反而是他脱颖而出，吸引了顾客。在1970–1971年度，瑞得柏的爆米花销量大约为30万磅，而到了1975–1976年度达到了500万磅。

这时的瑞得柏已经快70岁了。无论是他还是合伙人都没有对这项生意感兴趣的继承人。因此他并不介意把他的生意卖给一个大公司。他继续担任“瑞得柏爆米花”代言人的做法让外界产生了他还在负责的印象，其实在1976年他就把最后一部分卖给海威森公司了。

关于瑞得柏还有一件不知是可笑还是可悲的事：虽然他是食品行业最出名的人之一，但他从“瑞得柏爆米花”上赚的钱还没有他卖液体化肥的钱多。他在转让爆米花生意的时候没有谈到一个好价钱。

但无论如何，通过瑞得柏的大力促销，人们以前对这种爆米花的重重疑虑现在已烟消云散。尽管“瑞得柏爆米花”的价格还是很高，但现在它已经成为最为畅销的爆米花品牌。对许多美国人来说，“瑞得柏”就是爆米花的意思。

美国运通公司（Feddral Express）：得低分的好论文

我们中的大多数人，都曾在某个时候觉得自己得到的分数不该那么低。为此，我们可能会和老师争辩，或是向朋友发牢骚。而美国运通公司的创始人费德里克·史密斯用了一种独特的方式来对待这种问题。

他的大学教授对他的一篇论文给了相当低的评分，而他则决定用实践来证明他在论文里提出的观点是正确的。正是这篇学期论文为邮政速递业务奠定了理论基础。它显著提高了邮递小型货物的速度。当史密斯的运通公司赚得大把大把的钞票时，他也就有了充足的证据说明，他的大学教授对他的观点作出了错误的评判。

费德里克·史密斯 1944 年出生于美国密西西比的玛可斯。他的父亲是一位百万富翁，被称为是美国南方的“巴士大王”，白手起家建起了自己的巴士王国。虽然家里很富有，费德里克的少年时代却说不上舒适愉快。4岁的时候他就失去了父亲。而且他身体不好，童年时代的他很少能出去跑一跑，玩一玩。

不过说来也怪，这位身体不大好的人却是一个适合当飞行员的人。他在15岁的时候就得到了飞机驾驶执照！他在康涅狄格州的耶鲁大学上学的时候就开始琢磨着怎么样利用飞机来赚钱。当他在撰写一篇经济学论文的时候发现，美国还没有建立起一种完善的快速运送小型货物的体系，尤其在向小城市进行运货方面更是如此。不少设在小型社区的公司，由于不能得到在大城市里那种迅捷的服务而在竞争上处于劣势。隔一天晚上就能把货物运到，这种作法几乎都还没听说过。

史密斯意识到，如果只利用现有的航空公司和仓库是永远也解决不了这个问题的。对于现有的航空公司来说，头等重要的是客运，货物的运送都得根据客运的时间表来安排。而史密斯的想法是一个完全不同的新主意。为什么不干脆绕开现有的航线网呢？为什么不建立只有一个单独货物分发中心的空运体系为全国服务呢？

史密斯的导师对他的论文反应冷淡。导师说他的论文简直一无是处，结果费德里克·史密斯只得到了一个非常平庸的分数。这对从来都是好学生的史密斯来说可真是一次难得的经历。可是他深信，尽管他的老师不相信他的意见，但他的意见一定是可行的。他已经发现，美国的商业需求正在发生变化。

许多公司搬出了市区，不再处于空运航线可及的地方。像计算机和电子这种新兴产业的发展也依赖于零部件的快速发送。

1966 年从耶鲁大学毕业之后，他在军队中继续和飞机打交道。他在越南战场上执行了两百多次战斗飞行任务。1970 年退役后，他用继承的遗产购买了阿肯色州的一家小公司。对史密斯来说，这家专门对飞机进行改装的公司只是实现他宏伟计划中的一块垫脚石，而这个计划的蓝图就是他在耶鲁的论文中所勾勒出来的。他的下一个行动是聘请专人来研究他的计划是否有成功的可能。而研究结果是：可行。

1972 年，28 岁的前越战老兵费德里克·史密斯决定在商场上发起新的冲锋。而这次冲锋后来被称为是商业史上最大胆的冒险之一。首先他为自己的运通公司获得了空运许可证。这意味着他可以使用全美国任何一个开放的机场。下一步就是要选择一个货物分发中心了。

他曾经在孟菲斯度过自己的青少年时代，而这个城市看起来很符合他的条件。它几乎位于美国的中心，有着温和的冬季气候。而且，由于孟菲斯机场的实际使用率远低于设计能力，它肯定很欢迎史密斯带来大批飞机到此做客。于是，史密斯在孟菲斯机场的货物储运区拥有了自己的专用地盘，并且租了一些原来美国空军废弃不用的机库。

上面说的这些都是一些比较简单的部分。接下来的就复杂得多了。按照史密斯的计划，他需要来自 100 个城市的飞机载着货物每晚抵达孟菲斯机场，再在同一天晚上又载着新货物返回原来的城市。在每个城市再进行进一步的分拣，然后速递专车大军便朝着最终的目的地进发了。这项计划需要许多的飞机、众多的驾驶员和维护保养人员。为了能确保在小型社区里的递送速度，史密斯还需要拥有自己的车队，以及负责分拣、发送和管理工作的各类员工。尽管以个人而论，史密斯也算是个富翁；但要完成这么大的一个工程，他还需要寻求多达7000万美元的投资来开创这项有人认为根本行不通、而且也史无前例的事业。

史密斯把自己的设想又仔仔细细地进行了推敲，使自己能回答任何可能提出的问题。渐渐地，他获得了信任。尽管潜在的投资者们有许许多多的疑问，他还是地筹到了足够的资金。这被商业分析家称为是商业史上最耀眼的奇迹之一。史密斯用这笔资金购买了25架法国造的客机，再把它们改装成专用的货机，然后便准备开始进行一项令人瞩目的大型实验。

史密斯的公司正式开张的日子是1973年4月17日。而当天的情形却很能证明那位耶鲁大学教授当年对他论文做出的评价。

站在机场里望眼欲穿的史密斯终于看到了自己的飞机，但他接着看到的却是：偌大的美国运通机群只给他带来了18箱货物。接下来的几个月情况更是糟糕。当时正好遇上阿拉伯产油国对美国实行石油禁运以压其改变在中东问题上的政策，原油的价格急速飙升，航空燃料的价格也紧随其后凑热闹。同时他在阿肯色的公司又陷入了一桩法律纠纷中不得脱身。史密斯的运通公司财政状况非常吃紧，以至于它的飞行员有时还得自己掏腰包去买昂贵的航空汽油！

在这一系列沉重打击下，急需钱用的史密斯只得再向投资人要钱。可想而知，没有几个投资者现在还愿意再往这桩看起来毫无前途的生意上注入资金了——才两年的时间，史密斯就亏损了2400万美元！大多数的空中货运专家们都站到了那位耶鲁大学教授的一边：史密斯是个注定要垮台的家伙。举例来说，从旧金山到圣迭哥的货物还得千里迢迢地到孟菲斯先拐个弯儿才行。这好比从成都到重庆还得先到南京中转一样麻烦。面对昂贵的油费，运通公司现在已经花不起这么多的钱来绕弯了。史密斯好说歹说又借到了1100万美元来维持自己的生意，但这是以很高的利息以及大量出售公司股权作为代价的。

在这样困难的形势下，史密斯仍然坚信，只要他能确保隔夜递送的速度，生意一定会好起来的。

到1975年年底的时候，运通公司终于见到了真正的曙光。它的飞机一个晚上就要载着1.2万箱货物穿梭于美国的各个城市。各家公司，尤其是大公司，开始认识到速递在商业上的重要性。一年之后，美国运通的货运量达到了每晚2万箱，而这已经超出了史密斯48架飞机的运送能力了。

要解决这种让他喜出望外的“困难”，最简单的办法就是使用大型飞机来进行运输。可是美国的联邦航空法令对这种飞机有一条规定，每架飞机的载运量不得超过7500磅。史密斯毕竟是个有办法的人，他一方面抵挡住了其他大型航空公司的抗议浪潮，一方面游说国会于1977年取消了这条对他不利的法令。到1978年的时候，运通公司的运送能力已经上升到了每晚3.5万箱货物，每月的收入也增长到了1500多万美元。

美国运通公司现在成为了一家拥有5万名员工，每年运送1.5亿箱货物的大公司。不过对史密斯来说，最值得荣幸的是他的那套思想已经被客运公司、甚至是他在货运方面的竞争对手们所纷纷效仿。

在商场考试中史密斯得到了A⁺的分数，但这个评分来得晚了些，已经来不及改正他在大学里的那个分数了。

利维斯牛仔裤（Levl’s）：西部的制服

关于利维斯牛仔裤起源的故事，有几种不同的版本。大多数人是这样传说的：年轻人利维·斯特劳斯坐船坐了很长时间，才从纽约来到加州。他摆好带来准备卖给淘金矿工的百货和布料，等候第一位顾客光临。一个老矿工走过来，仔细打量了他那些用来做帐篷和马车篷的厚帆布，摇摇头说：“你应该带些长裤来，因为要跪在岩石上采金，矿工的裤子磨损很快。”利维马上悟出，在这里长裤比帐篷有市场潜力，立即把全部帆布拿去做成了牛仔裤。

关于利维发家的这个故事，许多历史学家认为是老淘金者编造的童话。有的历史学家明确指出，事实上当年利维卖出了他的全部百货和布料，他是到加州 20 年后，才开始在旧金山成批生产牛仔裤的。但有一点大家的看法一致，利维刚到加州时，并没把自己的事业同牛仔裤联系起来，他在半路来了个急转弯，才开始生产影响了亿万人穿着的牛仔裤。

利维1829年生于德国的巴伐利亚。16岁时利维的父亲去世，两年后，利维和家人一起移民到美国。他的两个哥哥学着父亲的样子在纽约经营百货，利维则到肯塔基州的路易斯维尔做流动商贩，兜售哥哥提供的商品。

利维的姐夫大卫·斯特恩从西海岸捎来话说，到加州淘金的人越来越多，向他们销售日用品准能发大财。1853年，利维从纽约哥哥的店里提取了大批帆布和细布，乘船来到旧金山。

1849年开始的淘金热，使旧金山从一个小镇，变成了一个急速扩张、秩序混乱、聚集了成千上万淘金者的大本营。姐夫大卫·斯特恩在1850年创立了一家公司，在十多年后由利维改名为利维·斯特劳斯公司，并且迅速发展成为一家大百货公司。他们虽然也出售在纽约利维名下一家工厂生产的长裤，但销量并不大。如果不是看了从内华达州雷诺市的一封来信，利维·斯特劳斯公司可能就仅仅是一家百货公司了。

从拉脱维亚移民到美国的雅可布·戴维斯，常常听到在野外工作的工人抱怨，他们的裤子不耐穿，特别是口袋接缝处很容易破损。雅可布多次尝试改进接缝的缝制方法，但都没有成功。

1870年12月，雅可布接到一份订单，要求为一个伐木工人订做一条绝对耐磨的裤子。他使用了能找到的最结实的布料——用来缝制马车篷、帐篷和马鞍的帆布，来缝制这条裤子。刚刚缝完这条裤子，他恰好看到一些用来在马鞍上固定皮条用的铆钉，就把这些铆钉钉在裤袋的角上，他想这样可以防止脱线。结果，这种带铆钉的厚长裤非常受欢迎，雅可布很快就被要这种长裤的订单淹没了。

雅可布知道，他的新办法将会取得巨大成功。他也知道，他需要帮助。如果没有资金去申请专利保护，他的竞争者很快就会开始生产和销售各自的带铆钉长裤。他能想到的惟一办法，是去寻求一个富商的支援。由于他的原料供应商利维·斯特劳斯公司一直待他不错，他便请一位英语比他好的朋友给利维写了一封信。信中说，如果利维·斯特劳斯公司肯出面替他申请专利，他将让利维·斯特劳斯公司分享一部分专利。利维看了信，立即预见到这种长裤的市场潜力。

专利申请递出后，几经退回修改，利维·斯特劳斯公司的律师终于在1873年5月20日为雅可布·戴维斯取得了专利权。专利获得批准前，雅可布继续缝制他的新式长裤，一拿到专利权，雅可布立即搬到旧金山，同利维合作。利维请雅可布负责管理生产线，他创建了一座专门生产新式长裤的工厂。人们把这种长裤叫做“利维的”长裤，如同前面说过的“席梦思”的叫法一样，“利维斯”(英语“利维的”)就成了牛仔裤的代名词。

后来，利维从纽约得到一批新型的蓝色厚布料，这种布料最早产自法国的内姆城，通常称作内姆毕叽。利维开始用这种布料制造“利维斯”，人们后来就把这种布料叫做牛仔布。由于牛仔布比帆布要舒适得多，利维就越来越多地采用牛仔布缝制长裤。牛仔布“利维斯”卖 2.5 美元一条， 帆布“利维斯”卖 3 美元一条。正是这种被利维称为“501 双 X 背带蓝色牛仔裤”的牛仔布长裤，极受各界欢迎，很多人都爱穿，人称“西部制服”。利维精通生意经，他给他的产品加了一块商标和一种独特的口袋接缝。在商标上，两匹骏马把一条“利维斯”拼命往两头拽，却不能撕破它。利维向他的顾客保证，如有撕破的“利维斯”，他将全部免费调换。

牛仔裤的销售比利维设想的还要好，它不仅受到矿工欢迎，还受到几乎所有在野外工作人们的欢迎，务农的、采油的、修铁路的，还有西部牛仔，都开始穿“利维斯”。

利维·斯特劳斯一生未婚，但他喜欢办家族企业。他先是与姐姐、姐夫一起办了他的第一家商店，后来，他的一大批兄弟、侄子和其他亲戚加入了他的合伙公司。

到 19 世纪末，利维·斯特劳斯公司已经颇具规模。尽管这家公司从 1873 年来，已经出售了近 1 亿条牛仔裤，但普遍穿着蓝色牛仔裤还只是西部的一道特别风景，公司的年销售额也只有几百万美元。第一次世界大战后，经营更加惨淡，“利维斯”的生产成本比竞争对手高，一度曾经面临破产的危险。

“利维斯”是怎样挺过来的，怎么时来运转的，一直是人们谈论的话题。有些时装专家说，蓝色牛仔裤是在20世纪30年代风靡全国的，这归功于当时度假村和山地牧场的风行。东部人不知该穿什么到郊外度假，最后他们选择了“利维斯”。渐渐的，蓝色牛仔裤在度假村和牧场以外也被人们接受了。

然而，利维·斯特劳斯公司直到成立了一百多年以后的1953年，才开始在美国东部生产牛仔裤。战后生育高峰中出生的一代成长起来以后，对牛仔裤偏爱有加，“利维斯”的生意越来越红火。蓝色牛仔裤很快穿遍了世界的各个角落，包括十分讲究的上流社会。各国的服装设计师.连那些专为名人服务的服装设计大师，都对牛仔裤趋之若鹜。利维·斯特劳斯公司年收入超过了10亿美元。更令人惊讶的是，戴维斯和利维发明的新服装对西方文明所产生的影响。一百多年前的501蓝色牛仔裤现在仍然在生产，而且式样基本没有变化。1971年，科特评奖委员会郑重指出，蓝色牛仔裤是美国对世界服装的突出贡献。这对曾经只把自己看作是推销商的利维来说，真是个不错的评价。

米尔顿·布雷德利 (Milton Bradley)：上百万种游戏的开山祖师

所有喜欢米尔顿·布雷德利公司各种游戏的人，都应该感谢林肯总统。这个公司之所以成立，是因为美国第16任总统与一个11岁小姑娘之间的有趣故事。这件事使米尔顿正办得红火的印刷厂一下子破产了，为了挽救他的投资损失，米尔顿才发明了他的第一个方格棋游戏。

米尔顿·布雷德利1836年生于美国缅因州的维也那，他是最早到达美洲新大陆的欧洲先驱者的后裔。米尔顿的父亲是一个商人，他把一种新行业——豆粉制作引进了缅因州，并梦想着很快就能发家致富。但是，一场突然到来的土豆灾害使他的美梦一下子破灭了，米尔顿的父亲为此倾家荡产。1847年，他们举家迁移到麻省的洛厄尔重整旗鼓。

由于家境贫穷，米尔顿从10岁起就开始为不止一家百货商店搬运货物。但他一直坚持学习，并在1854年读完了高中。毕业后他仍与父母住在一起，在一个专利代理商那里找到了工作。他为申请专利的人抄写专利申请书，为他们绘制详细的技术图纸。他工作了一年，攒够了学费，就又到麻省剑桥附近的劳伦斯科学技校读书了。

1856年，他们家搬到康涅狄格州的哈特福德。米尔顿退学与家人一同来到这里，但又找不到工作，他只好又到麻省的斯普林菲尔德，为一家机车厂作绘图员。但这家工厂在1858年倒闭了。

几经波折的米尔顿决心利用自己的工作经验谋生，他创建了一家自己的公司，专门为申请专利的人绘制技术图纸。后来，他也绘制其他图片，他甚至还为埃及国王绘制了订购私人汽车的图纸。

不过，米尔顿的生活远没有安定下来。1859年，他对平版印刷发生了兴趣。他先到罗德岛的普罗维登斯学习印刷，然后于1860年回到斯普林菲尔德买了一家印刷厂。

他的印刷厂第一项重要生产任务就是印制林肯的标准像。一位当地报纸记者从共和党的提名大会上买回了林肯的画像，米尔顿印制了几十万张林肯画像出售。不久，林肯当选为总统，证明了米尔顿直觉的正确。但几乎是同时，米尔顿遭到了厄运的无情打击。

麻烦来源于纽约一个11岁的小女孩，她写信给林肯总统，建议他留络腮胡子，她认为这样一来所有的女士都会喜欢他，而她们的丈夫就都会投他的票。

尽管小女孩的推理让林肯哭笑不得，林肯总统还是很友好地给她回了信，感谢她的关心和好意。在信中，总统似乎表示不打算改变自己的形象。但没过多久，林肯当真留起了络腮胡子。

林肯留胡子的决定，对米尔顿是个致命的打击。他已经投入了一大笔资金，印制胡子刮得干干净净的林肯的画像，现在这些画像成了一大堆废纸。

突如其来的打击使米尔顿变得心灰意懒，只有在朋友堆里寻求安慰。有一次，他与朋友们玩起一种叫做“快乐的大房子”的游戏。朋友们建议他利用现有的印刷厂，印制类似的方格游戏盘出售。

米尔顿采纳了朋友的建议，他仿照“快乐的大房子”，发明了一种叫做“成长方格棋”的游戏。这种游戏的玩法类似于中国的“升官图”，游戏者进入“真理”或其他有利的方格则得分，进入“沼泽”或其他有害的方格就不得分。合作者建立了米尔顿·布雷德利合伙公司。到 1870 年，他的游戏生产部门赢利大大超过其他部门，于是他为游戏生产专门建造了单独的厂房。1878 年，他把公司改名为米尔顿·布雷德利公司。一百多年来，这家公司生产的各种游戏风靡了美国的大街小巷。

正如我们所看到的，米尔顿从失败中站了起来，取得了意料之外的巨大成功。一连串的挫折打击了他，也锻炼了他。他迫不得已进入游戏生产行业，却成为美国游戏产业的巨头。

波比种子公司（Burpee Seeds）：从喂鸡到种菜

1872年，一位正在美国访问的英国绅士，乘火车从纽约赶到费城拜访家禽饲养专家华盛顿·波比先生。他们仅有通信往来，从未见过面，但英国绅士对波比先生在家禽饲养方面的潜心研究和发表的学术论文，深怀尊敬。

当这位英国绅士到达费城火车站时，前来迎接他的是一个只有14岁的小男孩。英国人以为小男孩是被派来接他的侍童，便礼貌地询问这个男孩的名字。小男孩的回答叫英国人大吃一惊，他就是波比！华盛顿·波比！

由于波比14岁时就已经是饲养家禽的专家了，所以没人怀疑他将运用这方面的知识和专长取得事业的发展。然而，就如同命中注定一样，波比一直未能在家禽养殖业上取得成功，以致他不得不另寻出路。

波比从小就热衷于饲养鸡、鹅、鸽子和火鸡。他学东西的速度惊人，小小年纪就开始在专业杂志上发表文章。17岁，他已经向人们出售配种用的纯种家禽。

而波比的父亲把这一切仅仅当作儿子在开始真正事业前的必要准备，他不由分说地把儿子送进医学院，以继承家业。波比在1875年进入宾州大学接受医学教育，但他无法适应长时间同伤病人员相处的生活，第二年就退学了。

1876年，他又重操他一向热衷的事业——家禽养殖业。费城一位有钱的熟人为波比投资5000美元，帮他建立了自己的公司，培育高品质的家禽和牲畜。不幸的是，波比的公司第一年就亏了3500美元。严重亏损引发了波比和他后台老板的争执，波比一气之下，离开了公司。波比的父亲默许了儿子对事业的选择，在关键时刻雪中送炭，贷款给他另起炉灶。

1878年，20岁的波比开办了一家邮购公司，叫做华盛顿·波比合伙公司。他印制了商品目录，介绍各种家禽和牲畜，以供顾客选购。为了尽可能方便买主，他还提供种子，以满足种植饲料之需。

他这次推销家禽和家畜，运气并不比以往好多少，他认定自己无法以此维生。然而，这时他发现，卖种子比卖家禽和牲畜能多赚很多钱，来买花籽和菜种的人，要比买家禽和牲畜的人多得多。为此，他在1880年商品目录的家禽和家畜栏目中，列入了打折推销番茄籽和黄瓜籽的内容。他还提出另一项促销计划，向介绍别人来购买种子的人赠送礼品。另外，他还向每一个从他公司购买种子总额达到75美元的顾客赠送缝纫机。

在波比把经营重点转变到种植业的时候，他一直坚持这样的信念：要做就要最好。既然要卖种子，就要卖人们所培育出来的最好种子。每年夏天，他都要到欧洲跑3个月，去搜寻最好的种子。

1888年，波比在宾夕法尼亚州建立了一座实验室，试种从欧洲带回来的种子，并将它们同已有品种进行比较。后来，他还培育出一些自己的改良品种。他的邮购目录逐渐扩展到200多页，除了对优良品种做介绍，还配上令人垂涎的照片。

与此同时，波比也以一贯诚实赢得了广大顾客的信赖。1912年，他把他喜爱的优良品种“无双番茄”印在邮购目录的封面上，当清样出来后，他才吃惊地发现，封面图片上的番茄尺寸，比真的番茄要大一些。那时候已经来不及更换封面了，于是波比执意要求在目录中插入一段十分醒目的话，向顾客道歉。顾客们十分欣赏波比的真诚，公司收到全国各地来信，说他们种出来的番茄真有封面图片上的那么大，有的甚至还要大。

在波比的研究过程中，他的公司把好些新品种引入了美国，其中包括艾丝伯生菜（1894年）、金巴达玉米（1902年）、小

白豆 (1907年)。波比从未完全放弃他的养殖业，直到他1915年去世，他的每期邮购目录上都还包括家禽和家畜栏目。不过，如果他销售家禽和牲畜成功了，我们今天可能就没有那么多种蔬菜、鲜花和水果了。

科尔曼（Coleaman）：黑夜里偶遇明灯

今天，几乎所有喜爱宿营、野餐和徒步旅行的人，都得益于科尔曼的产品。科尔曼的名字被印在保鲜盒、野营炉、照明灯、保温瓶、帐篷和许多其他有用的野营设备上。但科尔曼最初并没有打算干这一行。他当过5年老师，然后进了法学院，但刚读了两年，就花光了积蓄，不得不靠挨家挨户去推销打字机来挣钱攒学费。没想到在他到亚拉巴马州推销的一个夜晚里，一盏明灯改变了他的一生。

威廉·科尔曼1870年生于纽约，9个月大的时候，他随父母搬到堪萨斯州。长大后，科尔曼进入堪萨斯大学法学院。有两大问题严重妨碍了他的学习，那就是高度近视和高度贫穷。高度近视使他不在明亮的日光下就不能读书，他在晚上是靠朋友帮他念教科书才把书读了下来。

钱的问题就不那么容易解决了。他忍饥挨饿，有好几个月时间，仅靠干面包、红糖和番茄罐头维生。临毕业的最后一年，他已身无分文，便决定停学一年，先去当打字机推销员，等挣到一些钱再最后完成自己的学业。

当推销员不仅报酬很低，而且十分辛苦。当时汽车还不是普通人能使用的交通工具，他常常要背着打字机徒步跋涉。电灯还没普及，有时天黑了，他仍在外面奔波，黑灯瞎火赶夜路，对他这样视力很差的人就更是难上加难。一天晚上，他正在亚拉巴马州一座小镇的泥泞道路上跌跌撞撞地赶路，已经跑了一天，又饿又累。突然间，他看到一束耀眼的白色灯光，精神为之一振。走近一看，原来是一家杂货店的汽油灯。

跟当时的一般灯具不同，这盏灯的灯光竟能让视力极差的科尔曼看清灯上小字标明的产地。这盏汽油灯是田纳西州孟菲斯生产的，燃烧充分，灯光明亮，也比普通的汽油灯和煤油灯干净。科尔曼相信，在美国许多还未通电的农村里，这种灯一定会大受欢迎。

科尔曼当时就决定改做汽油灯推销员，所以在离开小镇前，已经打听好了关于这盏灯的所有信息、生产公司的情况和这盏灯的推销员的姓名等。他整整找了一个月，终于找到了那个推销员。才谈了几句，推销员就许诺给他一个卖灯的工作。

他的第一次推销是到俄克拉荷马州金费希尔，在这个小镇，他几乎丧失了信心。在整整一个星期里，科尔曼只卖掉两盏灯。他如此倒霉，是因为几天前另外一个汽油灯推销员刚到过这个小镇，赚走了小镇居民买灯的钱，却留下了居民对汽油灯的反感。他们买的灯，每盏都有炭黑堵塞的问题。许多早期的汽油灯的确有这种毛病，所以，汽油灯推销员走到哪里，往往抱怨就会跟到哪里。

灯卖不出去，科尔曼就另想办法。他以每周1美元的价格出租汽油灯，并且宣布，如有任何质量问题，他立即退款。他宣布新办法还没几天，就在金费希尔租出了100盏灯。

科尔曼接连在几个村镇获得成功后，又在城市里取得了突破。由于当时电费很贵，电灯的质量也不稳定，科尔曼大力宣传他的汽油灯比电灯便宜得多，所以城里人也开始租用他的灯。

生意做得如此红火，科尔曼就接着干了下去，他已经把回法学院学习的事忘到了脑后。1903年，科尔曼从供货厂商那里买到专利权，成立了碳氢化合物公司，开始自己大批生产汽油灯。他把他的汽油灯起名为“科尔曼弧光灯”。

科尔曼为他的灯开发了许多新功能，比如大型集会、展销会的照明。1905年，科尔曼弧光灯被用于第一次在夜间举行的大学生橄榄球赛——菲尔蒙特学院队对库柏学院队的比赛。鉴于顾客对汽油灯推销员的不信任还没有完全消除，又过了好几年，科尔曼才由租灯改为卖灯。

科尔曼表现出了作为一个商人在厄运面前求生存的能力，

但他的厄运并没有结束。他的汽油灯销售额经过一段时间稳定增长之后，质量逐步改进的电灯渐渐挤掉了他的市场。 罗斯福总统号召在农村用电，对他更是雪上加霜，加快了他丢掉市场的速度。

每当破产的危机在地平线出现，科尔曼就转向新的产品，为公司注入新的活力。大萧条时期，他发明的廉价暖气机弥补了汽油灯销售滑坡的损失。二次大战期间，他的公司实现了20年前的梦想，生产成功了便携炉灶。这种为美国陆军特别制造的新型炉灶，重量仅3.5磅，轻便宜带，适用于各种燃料和天气，无论炎热的夏季还是寒冷的冬季，都能正常使用。人们把它和吉普车并列为二次大战期间最重要的发明。

历史的教训，使科尔曼对经济发展趋势的变化随时保持着警觉。20世纪50年代，中央供暖系统淘汰了他的供暖机，他便重点生产便携炉灶。这种野营炉灶最终引导出公司的其他各种野营产品，正好赶上日益风行的野外休闲的需要。

威廉·科尔曼再没有回到法学院去。他只有安下心来经营这家美国最著名的野营用品公司，尽管这不是他的本来愿望。

灰狗客运（Greyhound Lines）：谁买汽车

灰狗公司作为极为成功的客运企业，声名卓著，尽人皆知。而它之所以存在，则是因为它的创始人当年推销汽车遭遇了失败。卡尔·维克曼没有卖掉一辆汽车，不得已才进入长途客运这个行业。

卡尔 ·维克曼在1887年生于瑞典。17岁那年，他的好朋友从美国亚利桑那州来信邀请他合伙做事，维克曼便兴冲冲地赶到美国。为了买从纽约到亚利桑那他朋友那儿的车票，维克曼花完了自己的最后一枚铜板。但等他到达时，他的朋友已经走了。维克曼不懂英文，身在异乡，孤苦潦倒。好不容易在一家锯木厂找到工作，赖以度日。后来，他听说有瑞典人在明尼苏达州北部一家铁矿工作，他等到攒够钱就搬了过去。

维克曼在明尼苏达州的希宾住下，在矿山找了个采钻石的活儿。维克曼在粗犷而坦诚的矿工中生活，有时免不了争吵得面红耳赤，甚至动手动脚，但渐渐地赢得了他们的尊重和友谊。

由于采矿业很不稳定，连续几年，经常裁员，维克曼失去了当矿工的热情。他想找个有稳定收入的工作，安顿下来，建立小家庭。

1913 年，维克曼决定改变自己的工作方向。他购买了赫普汽车和固特异轮胎的经销权。他打赌认定汽车是明天的大众交通工具，这他对了，但他赌错了汽车型号。乘坐 7 人的赫普汽车，对希宾的买车人来说太大了。尽管维克曼热忱地向每个路过的人演示，但还是找不到一个人买他的大车。

出师不利的维克曼突然想出一个新点子。何不自己把车买下来搞客运呢?他将不只是在城区范围内载客，因为已经另外有人在城内经营载客业务。这样，卡尔·维克曼就成了提供城与城之间客运服务的第一人。

维克曼自己当过矿工，了解矿工的生活，他首先选择了从希宾到附近的艾利斯小镇开辟第一条营业线路。艾利斯镇上有一个小酒吧，矿工们经常光顾那里，喝酒聊天。他把票价定为单程 15 美分，往返 25 美分，为了矿工坐车方便，还制定了一张行车时刻表。没有多久，就有许多矿工来乘坐他客车了。

越来越多的人喜欢到艾利斯的客车，这使维克曼的赫普汽车经常超载。维克曼不得不常常往车厢里塞 10 个人，还得让其他的人吊在车门外面。生意确实不错，但也常有麻烦事让维克曼很恼火。到了冬天，车里没有暖气，路况不好又常使汽车爆胎。一遇爆胎，乘客们就得等维克曼停下汽车，卸了轮胎，补好打气。在整个过程中，听任乘客在车上冻得发抖。维克曼还常常收不到车票钱，一趟客运服务往往在一场拳击中结束。

第一次世界大战爆发了，铁矿因此而兴旺发达，矿工们工作有了保障，收入也增加了。在这种情况下，维克曼很愿意回去干自己的老本行。他把客车行卖给了另外两个瑞典移民，安迪·安德森和查理斯·温伯格，卖了1200美元，相当于他买车所花资金的两倍。

很不幸运的是，温伯格从未学过驾驶，没人敢坐他开的车。所有的驾驶任务落到安德森头上，而安德森很快就明白为什么维克曼急于出让自己的客车行了，他尝够了维克曼尝过的苦头。一天，安德森在维克曼工作的矿井外面等他下班，要请维克曼行个好，帮帮忙。安德森说，除非维克曼答应回来帮助他，两个人隔天轮流开车，否则他无论如何也干不下去了。看在朋友的面上，维克曼勉强同意再回客车行。他买回了温伯格的那一半所有权，与安德森轮流开起了客车。

铁矿兴旺使矿工的腰包鼓了起来，许多矿工把客车当成上下班的工具，客运生意大增。维克曼和安德森驾着里外都塞满了人的赫普汽车，急匆匆地往返于两个城镇之间。1915年，他们俩仅靠这一辆车，就赚了8000美元。维克曼和安德森都知道，他们如果只有这辆赫普汽车，他们的业务已经达到了极限，应该再买一辆车了。问题是，他们攒的钱还不够扩展业务，银行也不会贷款给他们两人中的任何一个。

就在这时，在希宾城内办出租车公司的拉尔夫·博根扩大了业务。他看到乘客成群地拥向维克曼公司，决心比维克曼做得更好：他要开辟到90英里以外的大城市杜鲁什的客运路线。

维克曼没有把这看作是对自己业务的威胁，反而把它看作是一个好机会。如果他们同博根联手，他们就能有足够的资金创建一个大型的客运企业。博根同意他的建议，两个公司合并到了一起，投入了更多的资金，车队扩大为5辆车，5名司机。1915年，他们组成了梅萨巴运输公司，维克曼负责管理并继续奔波在原来的路线上。

公司普遍采用了博根在杜鲁什线路上的做法，让旅行更加舒适。冬天，他们为旅客提供毯子和小火炉来暖脚，为司机配备了雪铲和把汽车拉出雪堆用的设备。但这些还不足以对付明尼苏达北部的恶劣气候，颠簸狭窄的道路常常被大雪阻塞。乘客不得不在风雪中跋涉，寻找农舍避寒。维克曼知道，只有购买推雪机才能保证道路畅通。

1917年，美国政府正式宣布参加第一次世界大战。拉尔夫把股权转给维克曼，参军上了前线，留下维克曼来经管公司的18辆汽车。直到这时维克曼才把自己担负的驾驶员工作交给别人，以便腾出更多时间考虑公司的长远发展。

长途客运的高赢利，吸引了越来越多的人争相进入这一领域。为了争取遍布全国的众多客运公司的购车订单，好几个汽车厂专门为客运公司生产了新型的汽车。这些新型汽车比原来的车型更长，能乘坐更多的旅客。后来，到了20年代，加州奥克兰一家工厂生产的汽车，已经很像今天的大客车了。这种被叫做“安全客车”的大汽车有7排座位，每排坐4人，每排都有各自的车门。

这种大客车渐渐被人们称作“灰狗”，至于这名字的由来则说法不一。也许是因为它那狭长的车型，也许是因为它在公路上飞奔的速度，也许是因为它那灰色的外壳。

毫无疑问，这种大客车的出现，促进了美国汽车工业的迅速发展。

没过多久，美国出现了各种各样的客运线路，每条线路都由不同的公司经营。维克曼认识到，能使这一产业向前发展的惟一道路是联合起来，组成一个连接全国各大城市的客运线路网。这样可以避免分段购票，在各公司的线路间不停地转车，可以减少候车时间和行李转运中的问题。

1922年，维克曼开始把他的计划付诸行动。他卖掉了梅萨巴公司的全部股票，搬到杜鲁什。在那里，他精心选购了几条客运线路。维克曼把他的新公司起名为“北国运输公司”，为了树立公司的形象，他给客车司机统一着装，使服务更为正式规范。公司的新形象吸引了更多的乘客，他把赚来的钱继续用于购买新路线，合并到自己原有的路线上。6 个星期下来，他就买进了 60 条小型客运路线。

几年的时间，有近 2300 家客运公司卷入了一场争夺全国客运路线的残酷竞争。从 1926 年到 1930 年，就有一半公司因失败而倒闭。这场商战证明了维克曼是购买和兼并的大师，他不停地筹措资金，与其他客运公司的所有者商讨合作，购买别人的公司和线路。到 1928 年，他的公司已经建立了从芝加哥到圣路易斯、纽约等几个大都市之间的客运线路。

以后两年，维克曼又买进了几家名叫“灰狗”的客运公司。1930 年，他把自己的下属资产重组为新公司，并把它命名为“灰狗公司”。这家总部设在芝加哥的企业以其响亮的口号“让我们来为您驾驶”而闻名全国。从此，“灰狗公司”就主宰了跨越全国的客运业务。

维克曼没能售出一辆汽车，但他成功地售出了一样东西：值得信赖的全国运输服务。

希尔顿（Hilton）：银行终未到手

康拉德·希尔顿年轻时就是谈判桌旁的好手。丰富的商场阅历使他精明能干、智力过人。但在某个重要关头的失败，使他失去了当时他最为看重的事业。而常言道：塞翁失马，安知非福?

康拉德·希尔顿 1887 年生于美国新墨西哥州圣安东尼奥，在家里的八个孩子中排行老二。他的父亲奥古斯塔斯·希尔顿是一个雄心勃勃的人，朋友和家人都叫他格斯。

格斯在 10 岁时随家人一起从挪威移居到了美国。他小小年纪就离家去创业，与 6 个伙伴住在新墨西哥州索科洛附近山坡上的一顶帐篷里，想找一个小镇建立自己的商店。但还没等到他们在索科洛办起企业，印第安人就袭击了他们，只有格斯同另一个伙伴逃了出来。

最后，格斯在新建的小镇安下家，并开了一家商店。他持续不断地开设新店，没过多久，他已经在经营镇上几乎所有的商号，其中包括一个杂货铺，一家百货店，一所邮局，一间银行和一家旅馆。

事实上，第一家希尔顿饭店是他家住房的一部分。1907年，由于经济萧条，他的其他商号生意大受影响，格斯把全家挤到大土墙房子的一角，腾出 5 间屋子当旅馆用。

无论什么时候父亲的生意需要帮手，小康拉德都会被叫去。开家庭旅馆时，他是旅馆的“敲钟匠”，任务还包括寻找天黑后下火车的商人，把他们引到家庭旅馆来。

格斯是个干起活来不要命的人，帮他干活决不是个轻松的差事。有一次，小康拉德到了早晨 7 点钟还没起床，就被痛斥为将来必定一事无成的懒虫。

然而父亲的预言并不正确，康拉德·希尔顿用自己的行动证明了这一点。在新墨西哥矿山学校完成学业以后，希尔顿投身政治。1912 年，新墨西哥成为美国的一个州，在当年进行的第一次选举中，年仅 24 岁的希尔顿获得了州立法院的一个席位。担任立法委员不到两年，希尔顿劝说父亲于 1913 年在圣安东尼奥建立了一家银行，他自己以银行出纳员的身份在其中工作。到 1915 年，他由于工作出色，就已升任银行总裁。

1917 年，美国参战。希尔顿参军，被派往欧洲战场。当希尔顿从战场归来，父亲已经去世，他的家业也已衰败，只剩下 4 万美元留给母亲和仍住在家里的一个妹妹。

这时，希尔顿手中有差不多 5000 美元积蓄，他决心再干自己的老本行——开银行。在一个朋友建议下，他来到得克萨斯州找到一家正要出售的小银行。但他的运气不好，多次谈判，都没成功。后来，希尔顿在靠近油田的得克萨斯南方城市希斯科，又找到一家小银行准备出售。银行主开价 7.5 万美元，希尔顿觉得银行的财务状况不错，可以接受。他相信凭着他和银行界的关系，为买这家银行借到足够的钱，并非难事。

希尔顿没有还价就答应了卖主的要求。后来他说，这是他一生中仅有的一次未经谈判就打算接受的交易。

卖主当时不在镇上，他认为希尔顿马上答应成交显然是因为自己要价太低，于是回电把要价提高到 8 万美元。

卖主这个战术使希尔顿十分恼火，他一方面为卖主提价而气愤，一方面为自己太着急答复而后悔。他来到一家莫布利旅馆，在门厅里边等房间边盘算近来同银行的谈判。他看到这里人来人往，十分热闹，要求住宿的旅客人数远远超过旅馆客房所能容纳的数量。

希尔顿走过去同老板攀谈起来，对他经营旅馆的成功表示钦佩。旅馆老板耸耸肩膀说，生意是不错，但他直正想的是到油田去试试运气，那才是能够挣大钱的地方。如果他有钱，他会立刻动身到油田去。

这时，希尔顿突然想到一个两全其美的办法。查过旅馆的账本之后，希尔顿提出购买这家旅馆。两人经过反复商量，确定了4万美元的成交价。到这一天结束时，希尔顿已经成为这家旅馆的所有者。这也成为他漫长旅馆业生涯的开端。

几个月之后，如同以往一样，希尔顿又用商业伙伴的钱在沃思堡买进了另一家旅馆。1925年，他修建了自己的第一家旅馆——达拉斯·希尔顿。因为解决资金问题几经磨难，这家旅馆有好几年一直在破产的边缘挣扎。

在接下来的几年，希尔顿不停地买进、卖出和修建旅馆，直到他手下拥有了8家旅馆。但这时并不是扩展旅馆业的好时候，大萧条一来，美国4/5的旅馆关门，旅馆业一派萧条。由于债权人登门讨债，没收资产，希尔顿的损失惨重，但他还是比别人好一点。大萧条一过，他便收回了他8家旅馆中的3家，不过，他的债务也高达50万美元。

定期的石油租约收入，以他的人身保险作抵押得到的贷款，以及他精打细算节约下来的钱，帮助他在大萧条中活了下来。尽管资金短缺，希尔顿还是决心让旅客住上现代化的舒适房间。许多连锁旅店的老板为了节约开支，把手下的旅店都装修成统一样式，而希尔顿要求他的每个旅馆都有自己的特色。他宁可关掉整层的客房，关闭并非必需的咖啡馆和饭馆，也不在家具和维修上克扣开支。

在大萧条中得以生存的旅馆老板们，在旅馆业大片倒闭的残骸中捞到了大便宜。希尔顿就以非常低的价格收购那些倒闭了的大旅店，再进行一流装修，一流管理。他最大的本事就是充分利用空间，他能凭空增添几千平方英尺的客房面积。他把特别高大的房间在半空中一分为二，添加一层天花板，当然也是地板，就完成了这一创举。

希尔顿最有名的一桩交易，就是对纽约闻名于世的沃尔多夫·爱斯特利亚大酒店的收购。多年来他一直表示，只要有机会，他就要收购这家有1900个房间的巨型酒店，希尔顿把它叫作“巨无霸”。但当1949年机会终于来临时，他的朋友们却都劝他不要买。因为当时沃尔多夫·爱斯特利亚以其财务一团糟闻名于世。人们都认为买下来也是徒有虚名，白白浪费钱财。希尔顿执意把它买了下来，并真的叫它恢复了生机。

从此以后，希尔顿的饭店越办越兴旺。他把地一块块买下来了，饭店一座座建起来了，希尔顿饭店渐渐地遍布世界各大城市。

以他的聪明才智和商业手段，康拉德·希尔顿本来在银行业也会大有作为，但一个银行主对区区5000美元的贪心，反倒促使希尔顿建立了给亿万游客带来莫大便利的世界旅店网。

肯德基炸鸡 (Kentucky Fried Chicken)：上校的选择

1956 年，上校哈兰·桑德斯眼睁睁地看着一条新建跨州高速公路在离他的饭馆 7 英里外的地方通过，一脸的无奈。他知道，他在肯德基州科尔宾镇的这家饭馆，会因为新建的公路而失去许多客人。没有稳定的客源，他将很难把生意支撑下去。

66 岁的上校并不是个轻易认输的人，他靠着一张烹制炸鸡的神秘菜谱，扭转了乾坤。意想不到的中途转轨，造就了后来的肯德基炸鸡的庞大帝国。

哈兰·桑德斯 1890 年生于美国印第安那州亨利维尔附近的一个农庄。他 6 岁时父亲就去世了，母亲不得不长时间工作以维持生计。她白天给罐头厂剥马铃薯，晚上给人家缝衣服，留下 3 个孩子自己在家做饭。桑德斯是老大，每次做饭自然是由他掌灶。

他 12 岁时，母亲改嫁。继父不喜欢小孩，母亲也不喜欢桑德斯，才读到 7 年级，桑德斯就被送到格林伍德一家农场去做工了。

在农场干了几年以后，桑德斯决心出去闯世界，走自己的路。在接下来的 25 年里，桑德斯干过的工作像他试过的帽子一样多。他当过粉刷工，在电车上卖过票，开过渡轮，卖过保险，当过兵，在铁路上工作过，他甚至得到过一个函授法学学位，使他能在堪萨斯州小石城当上一段时间治安官。

1929 年，他终于在科尔宾开了一家加油站。他仍然喜爱烹调，经常给妻子和孩子们烹制他的拿手好菜——炸鸡。因为他们一家人就住在加油站旁边，来加油的人常常能闻到从他家飘来的阵阵香味。后来，桑德斯就在家里饭厅的餐桌上对外供应现做的饭菜，而炸鸡往往是必不可少的一道主菜。

没过多久，来就餐的人就多得小小餐厅无法容纳了。桑德斯搬到街对面一个有 142 个座位的饭店里，起名叫桑德斯饭馆。他这个厨师的名声越来越大，1935 年，肯德基州长鲁比·拉丰授予他名誉上校头衔。新上校别出心裁，又进一步，在饭馆旁边加盖了一座汽车旅馆。桑德斯饭馆兼旅馆，早在著名的霍华德·约翰逊汽车旅店建成之前，成为第一个集食宿加油为一体的企业联合体。

桑德斯希望保持那种特有的风格，那种家庭氛围，因为他知道顾客喜欢像一家人吃饭那样，不用菜单点菜。但随着顾客增加，他越来越难于做到顾客要了什么，他很快就端上来。桑德斯到纽约康乃尔大学学习饭店旅店业管理课程，帮他解决了一些管理方面的问题。但要为那么多的顾客很快地炸好鸡，端上桌，却不是个容易解决的事儿。他总是一边手忙脚乱地为顾客炸鸡，一边听着急的顾客在旁边不停地抱怨。

压力锅的发明，对桑德斯上校真是天赐福音。它可以大大缩短烹制时间，又不会把食物烧糊。1939 年，桑德斯买了第一只压力锅。经过实验，他可以如他所期望的那样，用它在 15 分钟内把鸡炸好。而他用 11 种香料调制的炸鸡作料也日臻完美。由于他的食品口碑甚佳，营业场地宽阔，众多食客趋之若鹜，即便在 30 年代大萧条时期，桑德斯也是精神焕发，干劲十足。

到了 40 年代，他的生意曾经受到很大威胁。由于二次大战期间实行汽油配给，光顾他的饭馆的游客流量大减。营业状况太差，他不得不关掉饭馆。但是大战一结束，上校的饭馆就重新开张，并在几年时间里保持着稳定的收入。

到 50 年代初，桑德斯的资产已经上升到 15.5 万千美元。这笔资产，加上他的银行存款和每月的社会福利金，足以保证他一家过舒适的生活了。

然而外界的变化再一次威胁到他的安稳生活。新建横贯肯德基的跨州公路计划最后确定并向大众公布了，这对桑德斯是个很大打击。公路将在科尔宾几英里外穿过。跨州公路对游客是好事，却要夺走桑德斯的大批顾客，走新公路的游客不可能再来光顾他的饭馆了。新公路通车后，桑德斯的生意急转直下。到1956年，桑德斯只有变卖资产以偿还债务，所得款项只相当于公路通车前他的总资产的一半。为了偿清债务，连他的银行存款也用光了。一下子，哈兰·桑德斯，这位昔日受人尊敬的上校，已经面临在贫穷潦倒中了此残生的局面。

桑德斯终日冥思苦想，琢磨怎样摆脱困境，突然想起他曾经把炸鸡作法卖给犹他州的一个饭店老板。这个老板干得不错，所以又有几个饭店主也买了桑德斯的炸鸡作料。他们每卖1只鸡，付给桑德斯5美分。绝望之中的桑德斯想，也许还有人也愿意这样做。

于是，桑德斯带着一只压力锅，一个50磅的作料桶，开着他的福特汽车上路了。身穿白色西装，打着黑色蝴蝶结，一身南方绅士打扮的白发上校停在每一家饭店的门口，兜售炸鸡秘方，要求给老板和店员表演炸鸡。如果他们喜欢炸鸡，就卖给他们特许权，提供作料，并教他们炸制方法。

饭店老板都觉得听这个怪老头胡诌简直是浪费时间。桑德斯的宣传工作做得很艰难，头两年，只有很少几个饭店老板把炸鸡加进自己的菜单。然而，他坚持着做下去，终于取得了突破，从此，他的业务像滚雪球般越滚越大。到1960年，已经有200家饭馆购买了特许经营权。70岁的桑德斯被吵嚷着要同他合作的人团团包围，要买特许权的餐馆代表还在蜂拥而至。桑德斯建起了学校，让这些餐馆老板到肯德基来学习怎样经营特许炸鸡店。

老资格南方上校烹制肯德基炸鸡的形象，吸引了众多记者和电视主持人。没有多久，桑德斯修剪整齐的白胡子和黑边眼镜就成为全国知晓的标记。桑德斯经常开玩笑说："我的微笑就是最好的商标。"

他这个活广告的效果奇佳，以至在1964年桑德斯售出了全部专有权之后，这些权益的新主人们还付给他一笔终身工资，请他继续担任肯德基炸鸡的发言人，广泛进行宣传。就在他以90岁高龄辞世前不久，每年还要做长达25万英里的旅行，四处推销肯德基炸鸡。桑德斯的实践证明了，不仅可以在晚年适应一项新的事业，而且可以创建一个非常成功的产业。肯德基炸鸡现在已经在近百个国家，开设了上万个连锁店。

玛丽·凯化妆品(Mary Kay Cosmetics)：为失去的机会化妆

玛丽·凯·阿什在20世纪60年代初，已经被提升到当时公司职业女性能达到的最高职务，担任公司负责培训销售人员的部门主任。她发现，如果想再向前进，将会困难重重。有人对她现有的位置已经心怀嫉妒，千方百计造谣中伤。因此，她在1963年愤而辞职，离开了公司。

慢慢回顾自己的商场经历，细细品味其中的酸甜苦辣，她写出几年拼搏在销售和管理方面积累的心得体会，以此排解心中郁闷。但在离职6个月后，她发现自己仍然渴望再回商场。她决定建立自己的公司，推销自己的产品，把她写出来的东西付诸实践。

凭着她的能力和智慧，她创建了玛丽·凯化妆品公司，并获得极大成功，她自己也成为家喻户晓的名人。

玛丽·凯·阿什生于美国得克萨斯州离休斯顿只有25英里的热井镇。玛丽·凯在童年没有一点娇生惯养的味道。她父亲患有严重的肺结核，母亲每天到休斯敦上班14小时，为人经管一家咖啡馆，来挣养家钱。她从小就操持家务，忙里忙外，非常羡慕那些有时间享受幸福童年的天真烂漫的小伙伴。

生活的磨炼使她非常好强，在学校她功课优秀，并渴望将来成为一名医生。因为没钱进医学院读书，使她的这一梦想早早破灭。后来，她嫁给了一位音乐家，名叫本·罗杰斯。

她们生了3个孩子。二战中，罗杰斯应征入伍。在丈夫入伍期间，玛丽学了一些大学课程。为了和年轻的女大学生相处，玛丽尽可能穿着入时，用心打扮，不让别人知道她已经结婚。但一边读书，一边拉扯3个年幼的孩子并非易事，她最后还是放弃了大学学业。

大战结束后，罗杰斯回到美国，但他并没有回家。他们离婚了，给玛丽留下3个孩子。玛丽找了一个教堂秘书的工作，后来为斯坦利家庭用品公司推销清洁用品。玛丽的推销才能并非与生俱来，刚开始的3个星期里，她到客户家中演示产品，每场展示平均只能卖出7美元。

然而，玛丽好强的性格复苏了，特别是当她参加公司的一次表彰会，看到最成功的女推销员上台领奖的那一时刻。玛丽决心取得和她一样好的成绩。她找那位女推销员取经，并详做记录，学习如何更好地推销产品。她的学习很有成效，她的销售额戏剧性地迅速增长，第二年，玛丽就成了公司的“推销皇后”。

1953年，她转到全球礼品公司工作，仅仅一年，她就被提升为地区经理，而后又升任培训部主任。

1963年，公司聘请了一位顾问，请他对公司运营状况进行全面评价，并提出高效率管理的建议。而顾问提出的建议之一，就是削减玛丽的权力。玛丽没有接受被削减了权力的新职务，她辞职离开了公司。

在总结经验教训，写出了职业女性在商业领域面临的一系列问题，并进行分析以后，玛丽开始执行自己的产业计划。离职赋闲的日子使她焦躁不安，她决心动手实施自己的想法。

要迈出第一步，她首先要有一种产品。她想起在为斯坦利公司工作时参加一次晚会的情景。那是在达拉斯一个贫穷的地区，她遇到一群妇女，她们的皮肤难以想象的光滑和细嫩，即便是年长的妇女也没有任何衰老的痕迹。她细心询问一位老妇人，才知道她们使用了一种药品护肤，而这药品是她的父亲，一个老皮匠用来加工兽皮的。在老妇人死后，玛丽终于从她的孙女手中买到了这种药品的配方。

玛丽·凯和她的第二任丈夫，用他们的5000美元积蓄，租了一个只有500平方英尺的小铺面，准备开一家“玛丽·凯美容品”商店。就在他们的商店开张前一个月，玛丽的丈夫突然去世，为小店的未来蒙上阴影。她的财务顾问劝她放弃这个项目，他们认为风险太大，说要不了多久，她的钱就会赔光。开初她也听信了他们的意见，但她的孩子和朋友极力主张她实施自己的计划。玛丽勇于蔑视迷信陋习，在儿子里查德·罗杰斯的帮助下，特别选定1963年9月13日，星期五，“玛丽·凯美容品”商店正式开张。她当时所有的商品就是一货架护肤药品。

一开始，妇女们午休时到她的商店来，并不买什么，而是做20分钟脸部护理。玛丽很快意识到，护理服务、产品展示、化妆辅导、美容表演，是推销化妆品的最好途径。

她把商店的财务交给里查德管理，她则致力于招聘和培训女推销员。她要求她的女推销员不仅推销某种产品，还要推销一整套美容方法。玛丽经过多年观察注意到，人们仅看过一次产品展示会，并不十分乐意购买产品。于是，玛丽为她的顾客设计了特别的家庭晚会，让每个与会者都能亲自体验她的化妆品。

玛丽记得，当她还只是一个初出茅庐缺乏勇气的推销员时，斯坦利公司总裁在一次大会上，看着她的眼睛对她说，他相信她能实现她确立的任何销售目标。这句鼓励的话，使玛丽认识到调动雇员积极性和培养雇员敬业精神的重要意义。

她总是努力不叫错任何人的名字，确保推销员得到充分的表扬，并制定各种奖励办法鼓励他们所做的工作。她不允许在她的公司里重现她所深恶痛绝的冷酷的商界氛围，她为工作规程增加了许多灵活性。她对雇员家中遭遇困难的重视，往往超过她对公司任务的重视。

玛丽·凯化妆品公司在第一年就赚了20万美元。到第三年赚了80万美元。玛丽·凯以前没有想过把她的生意向达拉斯以外的地区扩展，到1966年她同退休商人梅尔文·阿什结婚时，她的公司产品已经在全国销售了。大批教师、家庭主妇和秘书加入她的推销员行列，并把她当成英雄来崇拜。

她的演说，是推销员工作激情的源泉。她还有许多昂贵的奖品，包括著名的粉色卡迪拉克轿车、钻石、貂皮大衣以及豪华的假日旅游，激励人们去努力工作。

到1968年，玛丽·凯这个名字在全国已经尽人皆知，公司的年销售额已经超过1000万美元。10年后，又超过5000万美元，并在近年一直保持持续增长的势头。玛丽在事业遭遇挫折时的解决办法很简单：自己来创建一个新的。

海尔斯树根啤酒（Hires Root Beer）：海尔斯的蜜月

中国有句古话："天与不取，在受其咎。"说的是要抓住并充分利用你面前的机会和好运。如果对你面前的机会和好运抓不住，它会与你擦肩而过；用不好，也就帮不了你多大的忙。

几个偶然的机会恰好被查里斯·海尔斯碰上，让他成了美国最大的饮料生产商之一。是运气使然？不全是。海尔斯能碰上这样几次机会，运气不错，但这都不是什么大好事，一般人也许想不到利用它做成什么。而海尔斯却具有认识机遇并充分利用机遇的本领和勇气。

查里斯·海尔斯 1851 年生于美国新泽西州罗兹托沃一个农庄里。他从 12 岁起，便在布瑞吉顿的一个小镇药店里做工了。

16 岁时，他决心到大城市去碰碰运气，口袋里揣了 50 美分就到了费城，在一家药店里找了份工作。

因为急于要做大事情，海尔斯在两年后借了 3000 美元，准备开办自己的药店。当时的 3000 美元可比现在值钱好多倍，肯把这么大一笔钱借给一个年仅 18 岁的商人，海尔斯准是找到了一位有胆识的银行家。不过，海尔斯也真有运气，一次偶然的机会使他几乎是立刻就把钱还清了。

一天，海尔斯走过一个建筑工地，一群建筑工人正在挖地基，准备建一幢新楼。跟在那里看热闹的其他人不同，海尔斯看到一大堆挖出来的土，是可以用来过滤和净化其他材料的硅藻土。

海尔斯主动上前，承诺帮建筑工人运走那堆土。海尔斯把硅藻土运回家后，压成块，再切成小块，用纸巾包好出售。幸运地发现这批硅藻土，让海尔斯赚到了 6000 美元。

这笔钱给他的新药店注入了强劲动力。他的药店 1875 年建成，并且运转良好。这一年，他的婚礼更增添了喜庆气氛。他所得到的结婚礼物中最最珍贵的，要算命运之神给予他的一项馈赠。

蜜月旅行中，他和妻子克拉拉在一家乡村旅店中停留。店主的妻子用家酿的饮料祝他们健康幸福。海尔斯发现，他喝的这种家酿饮料非常可口，便要来了配方。原来它是用各种树皮、树根和干果等 16 种原料浸在水中制成的。

在海尔斯药店的货架上，备有配方中所需的金刚藤根、蛇麻草、松子等主要原料。像当时大多数药店店主一样，海尔斯也常常自己开药方。他对某些树根和干果人茶的药用价值一直很感兴趣。

海尔斯坚信这些自然植物成分对人的健康有益，一回到家，他就开始考虑能否用这些原料制成茶饮料出售。

作为一个教友派教徒，海尔斯对人们饮用酒精饮料、特别是对宾夕法尼亚的煤矿工人饮用烈性酒深感不安。他希望他称之为“海尔斯草药茶”的新饮料能酿制得十分可口，好让喝酒的人改喝饮料。

可是，海尔斯草药茶并不那么容易生产，他不得不向两位医学院的教授请教如何从那些植物中萃取固体成分。没过多久，他终于提取出一小批草药茶粉。他开始向顾客介绍如何把这种粉末溶在水中，再加糖和酵母，制成饮料。

海尔斯的一位朋友拉塞尔·康维尔说，如果你把你的新产品叫做茶，煤矿工人永远也不会喝它。如果你把它叫做啤酒，也许他们还会尝一尝。海尔斯接受了这个建议，把他的新饮料改名为“树根啤酒”。

1876 年，海尔斯在费城百年博览会上向公众推出了他的产品。他请大家免费品尝，大多数人都认为这种新饮料味道很好。于是，海尔斯为他的饮料找到了除了煤矿工人之外的新顾客。在那之后的 14 年里，他一直把销售他那用浅黄色纸盒包装的树根啤酒粉作为药店的一项副业。

直到1890年，他才建立了一个公司，专门生产和销售树根啤酒粉。他很快认识到，像可口可乐等正在蓬勃发展的软饮料肯定比树根啤酒好卖，因为这些软饮料不像树根啤酒必须由顾客自己成批酿制。1890年，海尔斯为顾客省了一道工序，开始出售树根啤酒浓缩液。5年后，他的生产再进一步，推出了直接饮用的瓶装树根啤酒。

海尔斯是美国最早刊登广告宣传产品的人之一。具有讽刺意义的是，就像可口可乐的生产者一样，他当初宣传他的树根啤酒的主要优点是有益健康，然而人们喜欢它却是因为它的味道可口。

庄臣上光蜡（Johnson Wax）：他们喜欢地板蜡

塞缪尔·庄臣是19世纪后期美国中西部的一位专职推销员。他为了吸引顾客，自己花钱在他推销的主要产品里附送了一件很逗人爱的小礼品。他赠送的小礼品是那么受欢迎，以至使他推销的主要产品失去了光辉。顾客们舍本求末，纷纷来买他送的小礼品。公众的需求迫使他进入了一个以前从未涉及过的领域，他抓住好运带给他的机会，建立了一个公司，生产出的产品摆上了全美国大大小小商店的货柜。

塞缪尔·庄臣生于1833年，一生中做过很多种工作，包括推销和零售。最后，他集中精力于推销木制产品。19世纪80年代，他奔走在威斯康星州，为莱塞恩的一家五金公司推销拼木地板。庄臣的工作出色，终于能够从他的佣金中存下足够的钱，在老板那里买下拼木地板的经营权。1886年，他53岁的时候，他开始把原属于老板的公司作为自己的企业经营，并更名为庄臣公司。

虽然他此时已经是雇用了4个木匠的老板，但仍然过着四处推销的生活。一周5天，他都是清晨即起，赶着小马车，到处兜售拼木地板。庄臣拉到的订单挺多，他的雇工干得挺欢，倒是能挣不少的钱。很多买了拼木地板的人和想买拼木地板的人，都问应该怎样保持地板清洁。庄臣决心认真帮助顾客解决这个问题。他买了一些欧洲宫廷里通常使用的地板蜡，为每个从他这里购买地板的顾客赠送一点样品，并作为副业，向继续需用的顾客出售地板蜡。

没有多久，地板蜡就成了叫他心烦的东西。公司花在应付购买地板蜡要求上面的时间，要比干它的正事——地板上面的时间要多得多。庄臣并没有因为事情的变化感到恼火，而是仔细地研究了这个现象。既然他没有打算出售的东西可以卖得这样好，如果他认真地推销这种产品会出现什么局面？1888年，庄臣公司为它的精制地板蜡打了第一个全国性广告。就在庄臣买下地板公司刚刚两年的时候，他发现自己进入了一个全新的领域。

这家公司直到1917年，庄臣去世前两年都继续生产拼木地板，但此时，地板蜡已经成为公司的支柱产品。庄臣公司开辟了一个新的生产领域是很幸运的，因为拼木地板很快就不再时髦，销量也大幅度下降。

当20世纪初期拼木地板业走向衰退的时候，塞缪尔·庄臣懂得开发新产品的重要意义。很多年以后，公司的第四代领导人——恰巧也叫塞缪尔·庄臣，面临过类似的局面。在1983年接受记者采访时，他回忆说："那时，父亲看到上光蜡的销售上不去，认识到必须开发新的产品。他对我说，塞缪尔，该你找点什么新东西了。几个月后，我提出了生产新产品——庄臣喷雾杀虫剂的方案。"他的思路导致了雷达喷雾杀虫剂的成功开发。

就这样，庄臣公司把其生产和销售逐渐扩大到精加工木产品、汽车蜡、上光剂，最后扩大到洗发香波、杀虫剂、驱虫剂等一大批化工产品。当年庄臣为了给买了地板的顾客服务而建立的地板蜡产业，现在有一万多人在其中工作。

箭牌口香糖（Wrigley's Gum）：奖品变成了主产品

小威廉·里格利非常相信奖品、礼物和销售技巧的作用。他认为，送给顾客一些不值钱的小礼物会使这些顾客感觉受到了特别关照，而高兴的顾客会更乐意购买他推销的产品。

然而至少有两次，里格利慷慨赠送礼物的作用适得其反。顾客喜欢他赠送的礼物，反而不想要他推销的产品。同上一篇我们所讲的塞缪尔·庄臣一样，里格利的思路很广很活。既然顾客喜欢的是礼物而不是原来推销的产品，那就把礼物生产成产品出售。

小威廉·里格利是费城一个肥皂作坊主的儿子，生于1861年。他那放任不羁的性格让他父母大伤脑筋。11岁时，他就离家出走，一个人跑到纽约，靠卖报纸打零工维生。回家以后，他又几次被学校停学。有一次，他干脆把一块吃剩的馅饼甩到了学校大门牌匾上，从此学校再也不让他上学了。

里格利的父亲认为，艰苦的劳动可以让这孩子变得规矩一点。12岁的小威廉·里格利被派去干肥皂厂里最重的活——搅拌熬肥皂的大锅。站在翻滚沸腾的肥皂锅前，费劲地搅动沉重的大木锨，里格利一心想的是赶快另找一种工作。第二年，他极力动员父亲派他试试推销的本事。于是，他父亲派他上了4匹马拉车，到各地去推售肥皂了。

对于一个无所畏惧的年轻人，已经在纽约有过一番经历，现在要在自己的领域里施展身手，这是多么令人神往的冒险！里格利的父母知道，他从来不会接受别人说“不”。里格利的第一个顾客开始压根儿不想买肥皂，但里格利一直跟在他身旁，耐心而友好地劝说他购买，那人担心永远也摆脱不了这个孩子，最后还是买了一条肥皂，里格利看上了他的推销对象，大多遭遇了同样的命运。甲格利甚至可以在隆冬季节蜷缩在别人门外的台阶上过夜，为的是等着推销肥皂。

遗憾的是，尽管里格利作为一个聪明能干而且坚忍不拔的推销员名声越来越大，可他的银行存款却没有越来越多。卖了肥皂16年，他并没有攒下什么钱。到1891年他离开家乡去芝加哥探索新的销售市场时，在他名下的存款只有32美元。

芝加哥的肥皂市场看起来可以有所作为，里格利并没有因为钱袋空空而止步，他借钱建立了自己的销售公司。他仍然销售他父亲的肥皂，但由于是自己负责这个销售公司，所以他可以放手实施他的推销计划了。他找到了一个答应以便宜价格向他供应发酵粉的厂商，于是他许诺向每个购买肥皂的顾客赠送一盒发酵粉。

他的促销计划并没真正发挥作用，因为顾客对发酵粉的兴趣比肥皂更大。里格利便不再销售他父亲的肥皂，转而销售发酵粉。为了运用他那随售出商品附送小礼品的促销技巧，他又开始物色新的便宜的奖品。1892年，他同泽诺公司签订了一个协议，以相当便宜的价格购买口香糖。于是他又许诺，向每个购买发酵粉的顾客赠送两块口香糖。

虽然土著美国人嚼用云杉树皮做的口香糖已经有几百年了，但直到此前不久才开始有人向美国公众推销正规包装的口香糖。看到著名的墨西哥将军珊塔·安那嚼食从热带常绿树上采集的天然口香糖——糖胶，发明家汤姆斯·亚当斯于19世纪60年代开始在纽约生产口香糖。从那以后，已经生产出好几种风味的口香糖，但口香糖在大多数人眼中还是个新鲜玩意儿。里格利发现口香糖的潜在市场大得远远超出他的想象。在里格利之前，没有人能预见到人们将会在这么个小商品上，每年花费上亿美元。

同以前惊人的相似，顾客对里格利推销的主要产品失去了兴趣。许多人写信问里格利，可否只买口香糖，而不买发酵粉。里格利再次决定顺应顾客的要求。既然顾客需要的是口香糖，顾客就应该得到口香糖。

凭着他的直觉，里格利开始生产口香糖。1892 年，他成立了箭牌口香糖公司。最初的口香糖牌子叫做洛塔和娃莎。后来又增加了两种风味的新产品，果汁（黄箭）口香糖和薄荷(绿箭）口香糖。

他知道口香糖是一种简单的产品，任何人都能生产出来，关键问题是要把它销售出去。好在他可以依赖世界上最伟大的推销专家——他自己。年轻的里格利使出浑身解数，1893 年他花了几乎整整一年时间，挨家挨户上门推销。这一年里，他有 187 个夜晚是在火车上渡过的。除了给那些仓库老板奖励以外，他还向大量购进他的口香糖的店主赠送像点钞机和咖啡炉具等礼品。

这种推销策略使公司逐渐得到发展，但是干了 15 年，里格利公司的口香糖销量在全美国只占很小一部分。1907 年，美国经济出现衰退，许多商人紧张起来。但里格利从不胆怯。就在他的竞争对手纷纷削减广告开支，以求在经济衰退中生存的时候，里格利却抓住时机采取了重大行动。他和处于困境极需业务的广告代理商谈判，以很低的价格签订了大笔广告合同。从此，宣传里格利箭牌口香糖的广告铺天盖地而来，这次大规模宣传为他赢得了大批顾客。

他的广告特别有效，因为这是已经没有竞争对手的广告，不会像以往同一类产品的广告战搞得消费者眼花缭乱。同时，他还继续赠送奖品，送给那些打算销售他的口香糖的店主免费样品。里格利还认为，提供多种风味的产品让顾客选择，不是聪明的作法，那实际是让他的产品自相残杀。于是，他取消了血橙、香蕉等几种风味的产品。

经过这一番努力，里格利渡过了困难时期，进入了赢利阶段。就在其他公司勉力挣扎的时候，箭牌口香糖的销量在一年里增长了10倍。到1910年，里格利的绿箭和黄箭在全国各种晶牌口香糖的销量中已经占据第一和第二位。

然而，这位推销大师并没有就此停止行动。5年之后，他收集了所有能收集到的电话号码簿。里格利给这些号码簿上1500万用户中的每一个寄赠了4块箭牌口香糖。里格利精力过人，每天早晨5点钟起床，从来不做与业务无关的休假，一刻不停地推销他的产品，直到他1932年辞世。

开初，他要做的一切都是为了推销肥皂。而当机会初露端倪，他便因势利导，把促销的小礼品转变为新公司的主产品，并使自己的公司成为美国最著名的公司之一。

凯洛格的玉米片(Kellogg’s Corn Flakes)：幸运的事故

维尔·凯洛格的家里人都坚信，想要维尔自己在商界取得成功，除非是撞了大运。他们认为，要维尔成什么大事，那简直是天方夜谭。

可他们错了。维尔在家人手下历尽 40 年的羞辱之后，终于使自己的产品成为全美国家家户户早餐桌上的常用食品。

维尔·凯洛格看上去确实不像是将来能够有名或有钱的人。1860 年出生在美国密西根州巴特克里克的维尔，既不爱社交，也不聪明。这个孩子没有朋友，没有过人的智力。他被父母称为“笨孩子”，他 13 岁时，父母就叫他从学校退学了。

他的哥哥约翰比他大 8 岁。约翰的学习成绩优异，当维尔在父亲的扫帚厂当工人时，约翰已经成了著名的外科医生。

1880 年，约翰在他担任院长的巴特克里克疗养院给维尔找了一份工作。这时哥哥约翰·凯洛格博士已经出版了关于健康营养学方面的多种著作，在全国享有很高声誉。他把这所疗养院变成了全国最具盛名的疗养机构。

约翰让维尔做业务经理，但这只是名义上的。在以后的25年里，维尔实际上是他哥哥的戴着漂亮头衔的仆人。他跑腿送信干杂活，会计出纳一身兼。尽管他哥哥因为经营收入丰厚的疗养院已经成为百万富翁，但每个月只付给维尔可怜巴巴的87美元工资。在巴特克里克广为流传的一种说法是，维尔的工作还包括给他哥哥刮胡子擦皮鞋。维尔对此也十分不满，开始自称是“约翰的奴才”。尽管他经常抱怨哥哥待他太薄，但他在工作上还是得依赖约翰。

约翰·凯洛格博士对疗养院的病人营养控制很严。很像今天的健康食疗法，强调吃谷物、水果、蔬菜，避免吃糖。博士要求食物易于消化。凯洛格兄弟在试制易消化的麸麦面包的同时，还发明了一种易消化的新式谷物早餐。

凯洛格兄弟尽量避免把谷物做成黏糊糊的粥状，他们把谷类煮成软面团样，然后把面团经过压辊碾成薄片，再把薄片烤熟捣碎。为了不断地提高质量，约翰要求维尔不停地试验，不断改进工艺。

1896年的一天，维尔有了一个偶然的发现。一天他正在煮最后一批麦子时被叫走。煮好的麦子没有像以往那样直接送到压辊下碾成薄片，而是在一旁放了整整一个晚上。第二天早晨，维尔照常把煮成面团状的麦子放到压辊下碾压，意想不到的事情发生了。麦粒不是像往常那样粘在一起被压成薄片，而是爆开成为麦片。由于放了整整一个晚上，每颗麦粒都吸饱了水分，所以它们再受到碾压时，就呈单个儿状爆开，而不是成片地粘在一起。

凯洛格博士来察看了事故，建议把麦片烤熟，然后磨粉食用。维尔决心把麦片原样烤熟后供应病人。没想到疗养院病人一致夸赞新食品好吃，这鼓励维尔认真地琢磨了麦片产生的过程。没过多久，他就做出了可口的大麦片和燕麦片。他也做玉米片，但总不太理想，直到他把整玉米粒改为玉米碎瓣才获得成功。

住在疗养院的人都很喜欢玉米片。在1898年，博士收到很多住过疗养院人的来信，要求购买他们的玉米片。

这些人对玉米片的挚爱使维尔看到了这种产品巨大的市场潜力，他劝说哥哥把玉米片送到杂货店销售。可是每当他提出这个建议，都被约翰一瓢冷水泼了回去。博士担心商业销售会损害他的学者声誉，所以在整整8年时间里，他把玉米片的销售严格限制在原疗养院病人邮购范围之内。

1906年，被称为“笨孩子”的维尔终于在46岁时同他的哥哥分手。他买下约翰的那部分麦片系列产品专利权，建立巴特克里克烤玉米片公司，开始经营自己的生意。

维尔·凯洛格摆脱了他哥哥的严格控制，在他的产品上开始表现出自己的特色。他改变了产品配方，添加了少量的糖、盐和麦芽，这样就使产品比原来的手工健康食品更加美味可口。

同时，他的行动证明，他并不是家里人原来想象的那个笨蛋。虽然在社交场合他仍然害羞、不自在，但在推销产品时，他从未有过惊慌失措。他那别具匠心、引人注目的广告和敏锐准确的商业感觉，帮助他把玉米片打入全国的杂货店。维尔的生意发展得快极了，以至他后来可以对 1907 年的广告战不屑一顾，省下钱埋下头来，一心一意地建设他的大型新厂。

1922 年，维尔把他的企业更名为凯洛格公司。凯洛格玉米片成为美国畅销的早餐食品，维尔还在不断扩大他的早餐食品系列。“约翰的奴才”创造了现代美国早餐的主要食品。如果不是发生了那次事故，忘记了那锅煮麦粒，这一切可能都不存在。

芭比鲁斯（Baby Ruth）官司：糖果名字该归谁

著名的棒球击球手里吉·杰克逊是个心气很高的人。获得最有价值球员称号对于绝大多数运动员来说是实现了一生的最大愿望，可他并不满足，就是入选棒球荣誉馆也没有让他完全满意。在他棒球生涯的巅峰时刻，他宣称他真正想要的，是以他名字命名的糖果。

杰克逊所说的事情，没有什么秘密可言。多年来，“芭比鲁斯”糖果是在美国最受欢迎的一种小食品。同大多数人一样，杰克逊认为，这糖果肯定是根据乳名巴比鲁斯命名的。杰克逊的乳名就叫巴比鲁斯，与糖果的牌子读音相同，只差一个英文字母。查遍运动史，还没有另外哪个运动员的名字被用来促销糖果。

杰克逊要拥有这一糖果命名权的请求只有一点站不住脚：

芭比鲁斯糖果的发明者声称，他们是根据另外一个人的乳名为其产品取名的，从来没有哪个用杰克逊的乳名命名糖果。

没法准确估计这场官司给芭比鲁斯糖果的生产商柯蒂斯公司带来了多少好处。不过每个听说过巴比鲁斯这位著名棒球手的人，都猜想芭比鲁斯糖果与他的名字同音，是幸运的巧合。许多公司花费成千上万美元打广告，为的是让大家知道他们的产品的名字。由纽约洋基队大牌球星搅起的这场轩然大波立刻使芭比鲁斯糖果家喻户晓了。

幸运的芭比鲁斯糖果的主人是奥托·施内林，一个珠宝商的儿子。他 1891 年生于芝加哥，长大后上的是芝加哥大学。1913 年大学毕业后，他在一家钢琴行当过几年零售经理。

1916 年底，施内林决心自己生产糖果赚钱。他买了一些二手设备，在一家铅管商店楼上租了一间小屋，他的企业就开张了。在一个有经验的糖果师傅和三个助手的帮助下，他用一口 5 加仑的大锅，开始试验各种糖果配方。

5 年后，他生产出一种用牛奶硬糖、牛奶软糖、花生和巧克力混合的糖果，味道好极了。这种新糖果他卖 5 美分一块，销得很好，他生产出来多少，当地人就买走多少。

没过多久施内林就扩大了销售范围，他雇了 125 名工人才勉强满足顾客的需求。

施内林能够取得成功，不仅因为运气好，还因为他有制作糖果的技术，他懂得如何推销产品，而且他知道取名的重要性。

从一开始他就懂得名字对公众所起的作用。他在组建柯蒂斯糖果公司的时候，没有用他自己的名字，而是用了他母亲娘家的姓。他为什么不用自己的名字，没有确切的记录。但在施内林创建他的公司前不久，美国和德国处于战争的边缘，显然顾客不会对像施内林这样一看就是德国人的名字怀有好感。选择柯蒂斯作为公司的名字是明智之举。

施内林还看到他最受欢迎产品——果仁巧克力的名字有问题。他先是给这种糖果取名叫作“坎迪凯克”。虽然这种产品极受欢迎，以至他的竞争对手大为光火，但他清楚地意识到，像坎迪凯克这种并不响亮的名字，难以长期吸引顾客的注意力。1921 年，他为王牌产品果仁巧克力向他的雇员征求更好的名字。在众多提议中，“芭比鲁斯”中选，这是美国前总统克利夫兰长女用过的乳名，就是“乖乖鲁斯”的意思。

关于“芭比鲁斯”这个糖果名字来历的解释，今天听起来多少有点牵强。说到底，能有多少人听说过当年的总统女儿鲁斯·克利夫兰？再说，在施内林为他的糖果命名 25 年之前，克利夫兰总统就已离开了白宫。而此时，棒球手杰克逊·巴比鲁斯正如日中天。他在 1920 年，以令人无法相信的 54 个本垒打震动了体育界，这一记录比同一赛季的其他任何棒球手高出至少两倍。巴比鲁斯的光辉战绩吸引了全国的视线，那些不是棒球迷的人们也争相目睹，引以为骄傲。毫无疑问奥托·施内林了解巴比鲁斯所在的纽约洋基队的一切，因为这位糖果制造商是个狂热的棒球迷。

1930 年，巴比鲁斯采取行动，准备生产自己的“巴比鲁斯”糖果，施内林立即把他送上了法庭。结果是巴比鲁斯败诉。当时，纽约洋基队刚刚开始迈上常胜球队之路，无论是球队还是巴比鲁斯本人头上还没有罩上后来那令人炫目的神圣光环。

另一方面，克利夫兰总统的女儿芭比鲁斯曾经是个很有名的小姑娘。她生于 1891 年，刚好在他的父亲当选连任美国总统后不久。这个小乖乖在白宫里面蹒跚学步的样儿，逗得许多人疼爱。然而，她给紧张压抑的美国政治中心带来的烂漫春光，在她 12 岁死于白喉时戛然中止了。

在 1893 年举行的哥伦比亚博览会上，展出了雕有克利夫兰总统和妻子以及他们的女儿芭比鲁斯画像的纪念章。由于这个博览会是在施内林的家乡举行的，他对纪念章上的画像印象很深。所以当他的雇员提出给果仁巧克力取名为“芭比鲁斯”时，他认为这名字很好。

施内林不遗余力地开展推销活动，以吸引人们对他产品的注意。他租用了飞机，在全国 40 个大城市进行飞行表演，投撒拴在小降落伞上的糖果礼品。在宾夕法尼亚州匹兹堡，他恰好在交通高峰时刻投撒芭比鲁斯，造成严重的交通阻塞，受到有关人士批评。

这种精心组织的推销活动，大大刺激了芭比鲁斯糖果的销售。而与此同时，洋基队的击球手巴比鲁斯的事业也达到了顶峰。在芭比鲁斯糖果胜诉 6 年之后，巴比鲁斯打破了保持了 30 年之久的单个赛季 60 次本垒打记录。而他自己创造的另一项记录更叫人无法企及，他的运动生涯里实现了 714 个本垒打。他不仅成为最著名的棒球运动员，而且由于美国青年棒球协会更名为巴比鲁斯协会，使他的名字永留史册。

毫无疑问，巴比鲁斯的崇高声望对柯蒂斯糖果公司产品推销有极大帮助。其他制造商花费上百万美元赞助各种大型庆典，求的就是让人们记住他们的产品。施内林没有赞助一个庆典，却使自己的公司和产品的名字深深地铭刻在人们心中。

柯林克斯纸巾（Kleenex Tissue）：答案就在鼻子底下

柯林克斯这个名字用得如此普遍，以至很多人不知道这其实是个商品牌子。只有金伯利—克拉克公司生产的面巾纸才叫柯林克斯纸巾。绝大多数人都知道怎样使用柯林克斯纸巾，然而令人惊讶的是，这种纸巾刚刚推出时，生产它的厂家反而不知柯林克斯纸巾派什么用场好。他们是用错误的理由推销正确的产品。只是在有经验的顾客指出柯林克斯纸巾很适合人们用来擤鼻子之后，金伯利—克拉克公司才开始把它当作自己的主要产品。

说起来，金伯利—克拉克公司其实是起源于一个纸厂老板的一次闲谈。19 世纪 70 年代早期，美国威斯康星州尼纳一家纸厂老板一天和一些朋友在饭馆吃饭时说，他的雇员在他的纸厂挣了很多钱。他透露的钱数之大，引起当时在饭馆里吃饭的许多人注意，其中包括约翰·金伯利和查理斯·克拉克。

金伯利是1848年从纽约州特洛伊搬到尼纳来的。经营了两年百货商店以后，他看到尼纳附近的福克斯河水位下降很快，决心经营抽水机来赚钱。和许多其他办企业的人一样，他已经建起了一座面粉厂。他听了造纸厂老板的一番话，觉得自己赚点钱那么费劲，同纸厂比起来太不值得了。

克拉克也是从纽约州来的，当时同样在竖起耳朵仔细听纸厂老板的话。这个南北战争的退伍兵，离开部队后还没找到合适的工作。看起来，造纸厂是个值得试试的行当。1872年，金伯利和克拉克同另外两个投资者合办了一个造纸厂。说好由克拉克管理工厂，金伯利负责销售。他们俩还聘了一个能说会道的人当工头。

这个公司最初的产品是用旧亚麻布和碎棉布制造的新闻纸。由于全国遭受1873年经济恐慌的打击，他们的工厂几乎无法开始生产他们的高质量纸张。投资者们担心银行关门而赶紧提取他们的存款，恐慌便发生了。突然的金融损失迫使一些银行倒闭，其他银行赶紧向各企业催还他们的贷款。

金伯利和克拉克不仅在这场危机中活了下来，而且还收购了一些在经济恐慌中再也无法生存的公司。1878年，他们购买了一个在阿普尔顿的新造纸厂，这个新厂用木浆生产包装纸。看到他们完全能够在挫折中生存和发展，金伯利—克拉克公司大胆地继续扩展业务。有一次，大火毁掉了他们的新闻纸厂，他们立即安排把包装纸生产设备转产新闻纸。在四星期内，新闻纸就恢复了生产。

在生产规模不断扩大的同时，金伯利—克拉克公司的管理层一直注意寻找新的木浆产品和生产工艺。当他们听说欧洲有一种纸吸水能力比棉花还好时，立刻派技术人员前往调查。由于第一次世界大战爆发，派出人员几乎还没来得及开始学习制造那带毛的纸，就回到了处境安全的美国。

不过，他们还是学到了足够的东西来生产这种棉花样的纸，金伯利—克拉克公司把这种产品叫做“多孔棉”，并把这个名字注册为其商标。1917年，美国参加大战，为这一产品找到了用场。由于战场急需的棉花供不应求，医院和救护站转而订购金伯利—克拉克公司的多孔棉作为替代品。战争快结束时，多孔棉的高档产品还被用作防毒面具的过滤层。

为了满足战争需要，金伯利—克拉克公司各工厂加紧生产了大批多孔棉纸巾。等到战争一结束，他们才发现库房里堆满了再也没用的东西。

为了给这些产品找到新的用场，金伯利—克拉克公司对整个国家的精神状态进行了调查。看来人们都希望忘掉战争，把精力集中在更令人愉快的、更有吸引力的事情上。于是，金伯利—克拉克公司决定改变产品宣传的方向，让它远离人们对战争和医院的记忆，越远越好。

为了把纸巾作为清洁脸部化妆用完就扔的方便用品来推销，公司根据“清洁”一词的英语读音把纸巾取名叫作“柯林克斯”（Kleenex)。1924年，金伯利—克拉克公司用作面巾代用品的“安全清除润肤膏纸巾”问世，“柯林克斯”这个牌子注册为商标。为了激发人们的浪漫联想，公司还花了不少力气动员好莱坞影星赞助“柯林克斯”纸巾。

价格为50~65美分100片一盒的柯林克斯纸巾，只在庆典集会上销得不错。这种状况引起一位直言的顾客来信质问：“你们为什么从来不说它适合擤你的鼻子？”

在几年时间里，听到多次类似的责问之后，公司在1930年进行了一次调查，要看看顾客是怎样使用柯林克斯纸巾的。他们发现，把这种产品作为清洁用面巾推销，使它错失了市场。柯林克斯纸巾之所以能卖出去，是因为顾客发现了他们自己的用法。调查报告指出，60%的顾客把纸巾当作用了就扔的手帕使用。

在顾客的引导下，金伯利—克拉克公司重新设计了它的广告。把柯林克斯纸巾作为用了就扔的手帕来宣传推销，就像接通了电源开关，在一年之内纸巾销量就翻了一番，在下一年又翻了一番。由于柯林克斯纸巾的成功，金伯利—克拉克公司的雇员总数在6年之内从2800人增加到4000人以上。柯林克斯纸巾不仅成为居家必备用品，它还帮助金伯利—克拉克公司开发了整整一代即用即弃纸品，包括纸面巾、纸杯盘、纸毛巾、纸尿布、卫生巾等。金伯利—克拉克公司丢掉了原定的目标是它的幸运，它意想不到地击中了一个赢利多得多的大目标。

欧文斯—科宁公司（Owens-Corning）：偶然事件带来4万种用处

适者生存，这不仅是自然界的基本法则，也是充满竞争的商界的基本法则。不能适应正在变化的世界的企业是注定要消亡的。能够较好地适应顾客需要的产品和公司才能找到自己的位置。在20世纪30年代，美国的玻璃制造商们开始怀疑，他们的产业还能否生存下去。

玻璃具有许多人们需要的特性，它不燃、不锈、不腐、不变形；它耐酸；它防水、透光、可做成各种形状，但所有这些特性都无法弥补它的一个主要弱点：玻璃易碎。由于玻璃那么容易开裂和破碎，所以在很多情况下都不能使用。当发现了金属、橡胶和塑料等材料的许多新用处之后，看来玻璃的用处就很有限了。它好像只能做瓶子、窗户、试管、盘子、酒杯和装潢工艺品。

玻璃工业的前景很难预料，于是，两大玻璃制造公司在 20 世纪 30 年代各自独立地开展了认真的研究。在互不知晓的情况下，俄亥俄州的欧文斯—伊利诺伊玻璃公司和纽约州的科宁玻璃制品厂各自建立了实验室，探索玻璃的新用处。

欧文斯—伊利诺伊公司聘请了一位名叫盖姆斯·斯莱特的顾问来负责这项工作。斯莱特到公司的玻璃厂调查期间，常常在车间的玻璃熔炉旁徘徊。在熔炉上有一个开口，砂、苏打粉等原料从开口送进炉内熔化。就在这个炉口外面，斯莱特发现有一小堆已成为长纤维状的玻璃。熔炉内的高温，在原料送入熔炉之前，就已把其中一小部分在炉口处熔化成为玻璃。由高温形成的气流，把玻璃拉成纤维。通常这些杂乱的纤维都被清扫扔掉了，但斯莱特建议对它进行研究，看能否派上实际用场。

其实，斯莱特远不是第一个发现玻璃纤维的人。早在几千年前，古埃及人就已经做出玻璃纤维用来装饰瓶子和其他玻璃制品。但是没有人检验这些纤维的性能如何，也没有人知道如何快速大量生产玻璃纤维。

欧文斯—伊利诺伊公司在印第安那州伊万斯维尔建立了一座小型研究实验室，希望能够在当时严重的经济危机漩涡中让公司浮出水面，求得生存。开始时，研究难以取得进展，因为研究人员不知道怎样才能比较容易地得到玻璃纤维。他们仅仅知道制造纤维状玻璃的工艺是把一批原料熔成玻璃，趁热用手把它拉长成丝状。玻璃的温度保持得越久，拉出的纤维也就越长越好。然而，最后的产品极少能像要求的那样又长又匀；一个研究人员说，干这种活，就像“用手揉刺猬”。在这期间，公司开发新产品的兴趣转移到生产重型玻砖上来。玻砖可在建筑工程中用来做耐磨损的地下室窗户和高层建筑的玻璃幕墙。这些重型玻砖是先制成两块，然后熔焊在一起。

在试验熔焊玻砖的方法时，欧文斯—科宁公司的研究人员使用了金属焊枪。在通常情况下，把金属放进焊枪，在那里金属同高温火焰相遇，熔化了的金属在强气流的作用下，呈细小的液珠状喷出。这些高温液珠起粘结的作用，等它冷却变硬以后，就把两块金属焊在一起了。

研究人员希望用同样的办法，用玻璃把玻砖焊在一起。最初，他们把玻璃粉放进焊枪，但是失败了。后来，科学家们像金属焊接那样，把条状的玻璃放到焊枪里。结果喷出来的不是熔化了的玻璃液珠，而是长长的头发样的纤维。

建议采用这种方法的技术员反复调整焊枪，但每次的结果都一样，都是长长的纤维乱七八糟地摆满一地。这位技术员很丧气，并觉得难堪。直到实验室经理前来仔细查看出了什么事情，才知道这位技术员是个大福星，他不经意地碰到了一个低成本生产玻璃纤维的新方法。看来，用风压大规模生产玻璃纤维是可能的。

在已经知道如何生产玻璃纤维的情况下，研究人员面对着另一个激动人心的挑战：什么样的产品能用这种极有潜力的材料制造？实验证明，玻璃纤维能派上比普通玻璃多得多的用场。与普通玻璃不同，玻璃纤维强度更大、更柔软，甚至可以弯曲。而同时，它还具有普通玻璃的一切有用特性。

在商业上第一次把玻璃纤维派用场，是用它制造熔炉的空气滤清器和空调机。1932年，欧文斯—伊利诺伊公司开始推销漂亮、便宜、轻巧的玻璃纤维空气滤清器。这种空气滤清器运转良好，至今仍是标准高压熔炉必备的滤清器。

科宁玻璃制品厂也在研究玻璃纤维。欧文斯—伊利诺伊公司和科宁玻璃制品厂得知两个公司都在探索玻璃纤维的市场前景以后，决定把它们的知识、人力和资金合在一起。

1938年，由这两家公司组建了一个新的公司，欧文斯—科宁公司。他们的新产品注册商标就是“玻璃纤维”，只是把英文“玻璃纤维 hberzlass”的最后一个字母去掉，读音完全相同。这些年来，玻璃纤维所派用场已经翻了多少倍，总数已经超过4万种，而且尚无止境。玻璃纤维用于制造许多产品，其中包括建筑材料、汽车轮胎、宇航服、储油罐、钓竿和船舶等等。